KB274352

소비의 쾌락을 팔아라

소비의 쾌락을 팔아라

펴　　냄　2015년 4월 5일 1판 1쇄 박음 | 2015년 5월 10일 1판 1쇄 펴냄
지 은 이　윤정근
펴 낸 이　김철종
펴 낸 곳　(주)한언
등록번호　제1-128호 / 등록일자 1983. 9. 30
주　　소　서울시 종로구 삼일대로 453(경운동) KAFFE 빌딩 2층(우 110-310)
　　　　　TEL. 02-723-3114(대) / FAX. 02-701-4449
책임편집　박정은
디 자 인　본 문 송유미, 이찬미　표 지 김정호
마 케 팅　오영일
홈페이지　www.haneon.com
e－mail　haneon@haneon.com

이 책의 무단전재 및 복제를 금합니다.
책값은 뒤표지에 표시되어 있습니다.
잘못 만들어진 책은 구입하신 서점에서 바꾸어 드립니다.
ISBN 978-89-5596-719-7　13320

이 도서의 국립중앙도서관 출판예정도서목록(CIP)은 서지정보유통지원시스템 홈페이지
(http://seoji.nl.go.kr)와 국가자료공동목록시스템(http://www.nl.go.kr/kolisnet)에서
이용하실 수 있습니다.(CIP제어번호: CIP2015011352)

소비의 쾌락을 팔아라

윤정근 지음

한언

차 례

Chapter 3. 돈 없어도 통하는 마케팅 법칙

Chapter 4. 고객의 마음에 그린 라이트를 켜라

다윗이 골리앗을 이길 수 있던 것은
나태해지지 않는 긴장감과 긴박함이 있었기 때문이다.
당신에게 마케팅 전략은 지루할 새 없이 거대한 상대를
이기는 최고의 마술이 될 것이다.

5평이 1,000평을 이기는 건 전략의 차이다

작년 이맘때쯤에 출간된 《마케팅 MBA 바이블》이 독자들로부터 예상을 뛰어넘는 높은 관심을 받았다. 책이 대형 서점의 베스트셀러 평대에 진열된 모습을 보면서 독자들의 마케팅에 대한 관심이 뜨겁다는 것을 새삼 실감했다. 하지만 시간에 쫓겨 집필하다 보니 독자들에게 실망을 안겨다 준 것이 아닌지 내심 부끄러웠다.

그래서 이번엔 시간을 충분히 들여 독자들이 마케팅을 어떻게 펼쳐 나가야 할지를 알려 주는 실행 전략에 관한 책을 집필하였다. 사실 마케팅 전략은 신기한 마술 같은 것이다. 제품뿐만 아니라 사람이 하는 모든 활동에 적용이 가능하기 때문이다.

지금까지 마케팅 전략은 수익을 얼마나 더 올릴 것인가에 초점이 맞춰져 있었다. 그래서 오로지 이익과 직결되는 판매에만 열을 올렸다.

하지만 마케팅 전략은 몇 가지 원칙이 있을 때만 기능을 발휘한다. 가장 중요한 것은 혼자가 아닌 함께해야 한다는 것이다. 대부분 그럴듯하게 만든 전략이라도 시장에 나오면 실패하는 이유는 나 홀로 전략을 만들기 때문이다. 반대로 성공하는 기업가들은 절대로 혼자서 팔지 않는다. 그들은 공동의 목표점을 향해서 여러 사람들과 전략을 짜고 계획한 대로 실행을 거듭하며 점진적인 성장을 이룩하는 것이 최상의 방법이란 걸 알기 때문이다. 그리고 수익을 공평하게 나누며, 고전과 새로운 아이디어를 융합하고, 초기 진입이 수월한 네트워크가 있어야 한다는 원칙이 있다.

조그마한 5평의 점포가 같은 물건을 파는 1,000평의 점포를 바로 옆에서 이기는 것을 본 적이 있다. 오랜 시간 관찰한 결과 여기에는 마케팅 전략이 숨겨져 있었다.

5평의 점포는 사장과 점원이 서로의 문제점에 대해 이야기하면서 고객과 네트워크를 구축했고, 수익을 공평하게 배분하며 끊임없이 가게를 홍보하는 등 보이지 않은 마케팅 전략들을 가지고 있었다.

반면에 큰 점포는 문제를 고민하지 않는 시스템으로 운영되었고 수익을 배분하지 않았으며 고객과 별다른 네트워크가 없었다. 이런 차이가 작은 점포가 큰 점포를 이길 수 있는 비결이었다. 같은 물건을 팔아도 파는 전략이 있으면 성공하는 것이다.

마케팅 전략을 제대로 배우려면 이론을 학습하고 물건을 직접 만들어서 팔아 봐야 한다. 이론이 실제와 얼마나 차이가 나는지 몸소 느껴 봐야 되고 자신의 이론을 직접 만들어야 진정한 마케팅 전략이 완성된다.

마케팅 전략은 대상이 되는 고객에 따라서 구축되는 방향이 달라진다. 기업은 제품을 구매하는 고객들을 상대로 전략을 세우는데, 이 과정에서 고객의 수준과 취향과 만족도를 명확하게 파악한다. 따라서 구매자의 눈높이에 따라서 마케팅 전략의 수준도 동시에 높거나 낮아진다.

만약 별다른 마케팅 전략이 없다면 고객의 눈높이가 높지 않다는 것을 의미한다. 동시에 매력적이지 않는 사업일 가능성도 크다. 매력적이고 수익적인 사업일수록 마케팅 전략은 차별적으로 발전한다. 지금 당장 회사의 마케팅 수준을 살펴보라. 마케팅 수준이 낮다면 별로 매력이 없는 사업일 가능성이 크다.

과거 10년 전만 해도 많은 사람들은 사업의 최종 목표는 마케팅을 없애는 것이라고 했다. 굳이 마케팅을 하지 않아도 제품이 잘나가면 그만이라고 생각했기 때문이다. 하지만 지금 대부분의 기업들은 그것이 완전히 잘못된 생각이란 걸 깨닫고 있다. 경쟁이 없으면 독점기업은 이익을 많이 창출하지만 결과적으로 산업이 퇴색한다. 치열한 마케팅 전략을 구사할수록 회사와 산업은 동시에 발전하는 데 그러한 이치를 생각하지 못한 것이다.

치열한 마케팅 전략을 구축할수록 자신도 더욱 성장해 나간다는 법칙을 이해해야 한다. 마케팅 전략을 배운다는 것은 그만큼 시장과 함께 성장할 자세가 되어 있다는 의미이다. 시장을 집요하게 파고들어야만 자신이 발전한다. 마케팅을 공부하는 독자들에게 희망의 박수를 보내고 싶다. 독자들이 언젠가 자신이 생각하는 시장의 성공 법칙을 이야기하는 날이 오기를 희망한다.

성과를 좌우하는 건 8할이 현장이다

1. 마케팅 전략으로 가까워져라
- 시장 접근 법칙

마케팅 전략이란 무엇일까? 물론 이 물음에 답을 한다는 것은 매우 어려운 일이다. 적어도 제품을 기획해 보거나 팔아 본 경험이 있는 사람들에게는 말이다.

마케팅 전략은 신제품이 성공적으로 판매될 기회를 만드는 활동이다. 기업이 수익을 창출할 수 있는 비결은 다양한 신제품을 출시해서 수익의 기회를 양적으로 확대하는 것이다. 그래서 기업은 가능하면 끊임없이 다양한 신제품을 고객들에게 선보여야 한다. 기업으로서는 수백 가지 신제품 중에서 한두 가지만 성공해도 지금까지의 손실을 단번에 만회할 기회가 된다.

그러나 늘 그렇듯이 신제품이 시장에 나왔을 때, 생각만큼 잘 판매되지는 않는다. 철저한 분석을 거쳐 신제품을 내놓았지만 시장은 우리의 예상을 빗나간다. 잘될 것이라고 확신하며 제품을 출시했지만 시장은 언제나 성공을 예측할 수 없는 상태라는 것만을 다시 확인하곤 한다.

제대로 준비된 제품이라고 출시했지만 시장에서 실패했을 때 우리는 패배자로 낙인찍힌다. 그리고 그 실패한 이유로 고객이 원하는 것을 파악하지 못한 채 성급하게 제품을 출시했다는 비난이 뒤따른다.

하지만 정말로 실패한 이유가 고객이 원하지 않아서일까? 간혹 오래전에 출시한 제품이 뒤늦게 인기를 끌고 고객의 반응이 뜨거운 것은 무엇 때문일까?

사실 지금 우리가 열광하는 대다수의 제품들 중 한 번에 시장에서 성공한 것은 없다. 성공한 제품 이전에 그만큼 품질이 뛰어난 제품이 무수히 출시되었지만 고객은 단지 그런 제품에 관심을 갖지 않았을 뿐이다.

그런데 정작 고객이 원하는 제품을 출시하더라도 시장에서는 금방 사라진다. 왜 그럴까? 정말 고객은 변심을 하는 것일까?

실패한 제품이라도 다른 누군가의 손에 들어가면 다시 성공할 가능성이 있는 것이 바로 신제품이다. 그 자체로는 완벽하지만 고객에게 전달되는 과정이 매끄럽지 못해서 빛을 보지 못한 채 사라지는 제품들이 너무도 많다. 그동안 우리는 마케팅에 대해 별다른 고민을 하지 않은 채 기존에 해 왔던 방식대로 신제품을 출시했다. 시장점유율을 올리기 위해서 푸쉬 마케팅(Push Marketing, 밀어내기)을 하거나 새로운 판촉 행사를 하는 수준에서 마케팅을 한다면 시장에서는 성공하기가 어렵다.

그래서 우리는 시장에서 정말로 필요한 마케팅 전략을 배워야 한다. 그동안은 이론으로만 무장된 마케팅을 배우며 너무도 어렵고 현실과 동떨어진 마케팅 전략을 실천해 왔다.

예컨대 신제품을 출시할 때 제품의 포지셔닝을 어떻게 구축하고 어떤 고객층을 상대로 판매해야 하는지, 기존 고객으로부터 매출을 확대할 것인지, 경쟁사 고객을 자사의 고객으로 뺏어 올 것인지, 시장에 접근돼지 않은 새로운 고객을 확보할 것인지 등 여러 가지 마케팅 전략을 배우고 실천해 왔다.

그런데 우리가 시장에서 실제로 실천해야 할 마케팅 전략은 개인이 발굴하고 노력해야 될 영역이다. 수많은 마케팅 방법 중에서 자신만의 독창적이고 차별화된 마케팅 전략을 활용하는 법을 모르면 늘 같은 전략만 사용하다가 끝나 버린다. 전략을 배운다는 것은 자기만의 창조적인 전략을 가질 때까지의 학습 과정이지 배움을 그대로 실천하기 위한 것이 아니다. 그러나 우리는 전략을 배우면서 마치 현장에서도 똑같이 실행해야 하는 필수적인 방법인 것처럼 받아들인다.

전략을 배우는 것은 역사를 배우는 것과 유사하다. 과거에 일어난 사실을 학습해서 미래를 준비하는 과정이기 때문이다. 그런데 역사적 사실을 사실로만 받아들여서는 발전하지 못한다. 실제로 그 당시에 어떤 과정을 거쳤고 어떤 생각이 원인이 되어 그런 결과가 나타나게 되었는지를 알아야만 해석이 된다.

마찬가지로 마케팅 전략을 배울 때도 무수히 많은 이론들을 그대로 받아들이고 학습하기보다는 왜 그런 이론이 탄생하였고 그 과정에서 어떤 현상이 벌어졌는지 판단할 수 있는 사고력을 길러야만 한다. 그렇게 해야 마케팅을 실행하는 과정에서 다른 변수들이 존재할 때 적절히 대처를 하고, 상황에 따라 새롭게 전략을 창조할 수 있는 역량이 길러진다.

결과적으로 이론을 철저하게 학습하고 그것들을 독창적으로 자신의 영역 내에서 새롭게 창조하지 못한 채 지금까지 배운 전략을 그대로 실행하는 것은 도박과 마찬가지라는 점을 잊지 말아야 한다. 이 책에서 소개되는 다양한 마케팅 전략들도 그런 리스크를 줄이고 독자가 전략을 자기 것으로 만들 수 있는 길을 제공하는 것뿐이지 그대로 실천하라는 것이 아니다.

진정한 마케팅 전략가가 되기 위해서는 역사적 사실을 아는 데 그치지 않고 보다 깊은 의미에도 정통하여 이론을 자신의 상황에 깊이 있게 활용한 전략으로 재탄생시킬 줄 알아야 한다.

기다리지 말고 가서 배워라

마케팅 전략은 제조업체가 제품을 생산하는 과정부터 고객에게 물건을 판매하는 과정까지 전체적인 전략들의 총집합이다. 책을 읽고 마케팅에 대해서 배울 수는 있지만 실제로 실행해 보지 않고서는 전략을 이해하는 데 한계가 많다. 제대로 된 마케팅 전략을 수립하기 위해서는 제품을 판매하는 과정부터 배워야 한다.

기존에는 4P(상품^{Product}, 가격^{Price}, 유통^{Place}, 판촉^{Promotion})를 배우는 것이 마케팅 전략이라고 생각해서 그 외의 것은 알려고 하지 않았다. 4P를 마케팅의 모든 것으로 알고 자신의 전략을 창조할 생각조차 하지 못했다.

그러나 마케터라면 제품이 어떤 단계로 고객에게 배송이 되는지 그 유통 단계를 알고 이를 바탕으로 마케팅을 어디에서부터 효과적으로 실행할지를 알아야 한다. 4P를 모두 실천하는 것이 아니라 가장 중요한 급소의 영역을 본인이 찾아야 한다.

그러기 위해서는 가급적이면 가장 최전방이라고 생각하는 곳에 자발적으로 가서 배워라. 그래야 빨리 마케팅을 터득하고 전략을 구사할 수 있다. 떡볶이 조리법을 책으로 읽고 직접 요리를 해도 맛집 이상의 맛이 나오게 하는 데는 한계가 있다. 물론 떡의 유통 과정과 소스의 조합 비율, 떡볶이의 가격, 그 외 다른 메뉴를 고려하여 배워 온 과정에 근거하여도 충분히 4P를 만들 수는 있다. 그런데 4P로 그럴듯하게 만든 기획 보고서가 고객들에게 구매동기를 성공적으로 제공할 수는 없다. 성공의 비결은 눈에 보이는 것에서 나올 수 없기 때문이다. 그것은 현장에서 찾아야 한다.

시장에는 수많은 전략들이 존재한다. 전략을 어디에서 어떻게 활용해야 되는지는 철저하게 본인이 선택해야 한다. 그것을 빨리 터득한 사람들은 작은 힘으로 큰 성과를 발휘한다. 전략이 시장의 윤활유로 역할을 하는 것이다. 어떤 기름을 사용하느냐에 따라서 기계의 성능이 달라지듯이 시장도 기름칠을 하지 않으면 무뎌진다.

이처럼 마케팅 전략을 효과적으로 수행하려면 먼저 유통에 대해서 알아야 한다. 유통은 생산자의 제품이 소비자에게 전달되는 전체의 과정을 의미한다. 아무리 마케팅을 펼치려 해도 물건이 어떤 과정으로 유통되고 판매되는지를 모르면 전략을 세울 수가 없다.

유통에는 매매, 운송, 보관, 정보의 4가지 기능이 있다. 매매는 제조자가 소비자에게 물건을 판매하는 과정이다. 운송은 판매되는 물건을 운반해 주는 역할을 한다. 매매를 할 때 거리상으로 떨어져 있으면 물건을 판매하지 못한다. 그럴 때 운송이 거리의 문제를 해결한다. 보관은 물건의 수요가 정확하게 맞도록 해 준다. 만약 소비자가 물건을 사러 매장에 갔는데 물건이 없으면 판매가 될 수 없다. 그래서 중간 지점에 물건을 보관해서 고객이 원할 때 언제든지 판매가 가능하도록 여유 물량을 확보하는 역할이 필요하다. 적절한 보관 기능이 없으면 생산지에서 물건을 배송할 때 시간이 오래 걸리고 불편할 것이다. 정보는 최근 소매점의 재고가 얼마나 있고 주문이 얼마나 들어오는지 등에 대한 데이터이다. 이를 통해 제조업체는 더 좋은 제품을 만들 수가 있기 때문에 판매자로부터 얻는 정보는 매우 중요한 마케팅 자료가 된다. 요즘 이슈가 되고 있는 빅데이터가 바로 판매처에서 쌓여진 고객들의 정보를 통해서 만들어진 자료이다.

마케팅 전략을 실행하기 위해서는 유통에 대한 철저한 분석이 있어야 한다. 유통은 마케팅 전략을 어디서부터 어떻게 펼쳐 나가야 할지 그 범위를 알려 주기 때문이다. 흔히 과거에는 유통이 마케팅의 영역이 아니라 이미 만들어진 제품을 단순히 판매하는 과정이라고 생각했다. 하지만 이제 유통은 마케팅의 가장 핵심적인 영역이다. 제품을 만들기만 해도 판매가 되던 시절에는 별다른 유통 전략을 세울 필요가 없었다. 하지만 최근에는 유통 전략이 곧 기업의 이익을 반영시키는 마케팅 전략의 모든 것이 되고 있다.

특히 온라인 유통이 급속하게 성장하면서 완전히 다른 유통 전략들이 나오고 있다. 휴대폰 하나로 모든 것이 이루어지는 시대에 온라인 유통 전략은 기업에 새로운 기회를 창출시켜 주며 동시에 마케팅 전략의 가장 핵심적인 창구로 떠오르고 있다.

또한 최근에는 유통의 기능 중에서 정보 전달이 가장 강력한 기능이다. 기업이 어떤 정보를 얻느냐에 따라서 마케팅의 방법, 전략, 운영이 달라지는 것이다.

그러나 성공하는 마케팅 전략을 구축하려면 유통에서 벌어지는 모든 현상을 더욱 세부적으로 알아야만 한다. 마케터는 영업의 크고 작은 현황을 파악할 때 비로소 전략을 만들 수가 있다. 영업 사원으로 일을 해 보면 더 빨리 터득하는 분야가 마케팅 분야다.

마케팅 전략을 짜는 사람이 유통 단계를 모르면 계획은 거창한 보고서로 끝나 버릴 수밖에 없다. 마케팅 보고서는 틀에 맞는 수준으로 누구나 만들 수 있지만 전략은 시장에서 배워야만 만들 수가 있다. 그래서 전략을 배우려면 무조건 시장에 나가서 배워야 한다.

시장에서 고민하는 것을 찾아라

영업 사원들의 고민은 늘 정해져 있다. 이번 달 매출 목표를 달성하려면 어떤 제품으로 판매를 해야 되는지, 증정품은 무엇으로 해야 되는지, 재고 상품을 어느 정도는 빼내야 되는데 행사는 언제가 적당한지, 진열 매대를 고객에게 잘 보이는 매대로 올리기 위해서는 바이어와 어떻게 협상을 해야 되는지 등등 영업 목표를 달성하기 위해서 다양하게 전략을 구사한다.

소비재 영업 사원과 온종일 다녀 보면 정신이 하나도 없을 것이다. 영업 사원에게는 제품 예측 관리, 매출 목표 달성, 신제품 입점, 재고 관리, 회계 마감, 판촉 사원 관리, M/S 관리, 클레임 처리 등

수많은 관리 항목들이 정해져 있다. 이 과정에서 회사의 마케팅 전략을 수행하는 동시에 매출을 올리기 위한 다양한 영업 전략을 실행한다. 그만큼 현장에서 마케터로서 권한이 많이 부여되고 있으며 그 활동에 따라서 매출이 좌우되기도 한다.

대형 상점은 일주일에 한 번씩 전단지 행사를 한다. 바이어와 제조업체 바이어는 다음 주 전단지 행사 제품을 정하기 위해서 보통 매주 목요일마다 제조업체 영업 사원들과 상담을 한다. 행사 앤드매대(매대의 양쪽 끝으로 매출이 가장 높은 구역)를 제공받느냐에 따라서 제품의 매출이 좌우되기 때문이다. 앤드매대는 한정되어 있기 때문에 좋은 위치에서 행사를 하기 위해서 제조업체 영업 사원들 간에 경쟁이 펼쳐진다.

과거에는 회사가 손실을 보더라도 앤드매대를 놓치지 않기 위해서 과열된 판촉 행사를 진행했다. 하지만 최근의 마케팅 전략은 손실까지 보면서 굳이 앤드매대를 확보할 이유가 없다는 것이 추세다. 그래서 과열된 판촉 행사를 하기보다는 이익 중심으로 판매 전략을 수정해서 운영하고 있다.

결과적으로 기업의 마케팅 전략은 더욱 치열해졌으며 시장에서 활약하는 영업 사원들과의 협력이 보다 더 중요해졌다.

2. 이론을 배워야 전략이 나온다
– 이론 적용 법칙

성공한 마케팅은 어떻게 다를까? 수없이 많은 마케팅 성공 사례가 존재하지만 실제로 현장에서 그걸 적용한다고 동일하게 성공하는 것은 아니다. 왜 그럴까? 마케팅에는 그만큼 상황 변수들이 너무도 많기 때문이다. 성공한 마케팅을 똑같이 실행하더라도 똑같은 성공을 보장받지는 못한다.

그래서 마케터는 전략적으로 시장 환경에 대처하는 능력이 탁월해야 한다. 어떠한 상황에도 능동적으로 대응하는 기업만의 마케팅 전략을 구축할 수 있어야 한다.

하지만 어떻게 하면 마케팅 전략을 구축할 수 있을까? 시장의 변화를 읽고 전략을 짜기 위해서는 배우고 실행하고 분석하고 틀을 만들어 나가는 자신만의 방법이 필요하다.

일반적으로 마케팅은 크게 3가지 분야로 구분된다. 첫째는 소비자의 구매와 행동 패턴을 파악하는 소비자행동론이고, 둘째는 소비자의 구매와 행동을 과학적으로 입증하는 시장조사론이다. 그리고 셋째는 마케팅의 이론적 내용을 구성하는 마케팅관리론이다.

즉, 소비자행동론은 구매 고객층의 구매 행동을 연구하는 영역이고, 시장조사론은 마켓의 관점에서 어떤 요인에 의해 제품이 판매가 되는지를 조사하는 영역이다. 마케팅관리론은 마케팅의 다양한 전략과 이론을 연구한 영역이다. 이 3가지는 각각 개별적으로 움직일 수 없는 특징이 있으며 마케팅을 공부하는 데 있어서 사전에 가장 기본적으로 배워야 하는 분야이다.

그렇다면 왜 이렇게 진부하고 기본적인 마케팅 이론을 학습해야 할까? 그것은 마케팅의 이론을 학습하지 못한 채 시장에 나가면 전략적 의사 결정을 제대로 발휘하기가 힘들기 때문이다. 이론과 실행은 항상 같은 방향을 잡고 배워 나가야 한다.

만약 이 3가지를 배우지 않았다면 지금 당장 마케팅의 이론부터 제대로 배우기를 권하겠다. 이론을 제대로 학습하지 않고서는 절대로 전략을 짤 수가 없다. 지금까지 회사에서 늘 해 오던 관습적인 전략에 무턱대고 다른 전략을 적용해 성공하기란 불가능하다.

우선은 이론을 학습하기를 권한다. 그런데 이론을 배우는 것과 달리 전략을 어떻게 짜야 할지는 누구도 가르쳐 주지 못한다. 전략 이론들은 수없이 많지만 그것들을 암기하는 듯이 외워서는 자신의 것으로 만들지 못한다. 전략의 이론을 배우는 것은 효과적인 마케팅을 펼치는 데 꼭 필요하지만 정작 이론으로만 시장을 이해하게 하는 데 한계가 있다.

시장은 점점 치열해지고 하루가 다르게 변하고 있다. 이런 상황에서 마케팅 전략에 절대로 정해진 성공의 법칙이란 없다. 만약 절대적인 마케팅 전략이 있다면 그것을 100번 반복하여 어느 경우에서나 100번 모두 동일하게 성공을 할 수 있겠지만 시장에서는 절대 그것이 가능하지 않다.

마케팅 이론으로 이해할 수는 있지만 막상 시장에서 경쟁자를 만나거나 매출을 올려야 할 긴급한 상황이 되면 우리들이 모르는 전략들이 너무도 많다.

전주한옥마을에 가보면 길거리 음식을 먹기 위해서 줄을 즐비하게 서야 된다는 사실에 놀란다. 문어튀김부터 치즈튀김까지 독특한 음식들이 풍부해 거리는 사람들로 넘쳐 난다. 사실 전주는 한옥마을을 보기 위해서 방문하는 사람도 많지만 다양한 먹거리 문화를 체험하기 위해서 방문하는 사람들도 많다. 어떤 음식들은 30분 이상 긴 줄을 서서 기다려야만 겨우 먹을 수가 있다. 신기하게도 전주하면 비빔밥으로 유명하지만 비빔밥 전문점은 많지가 않다.

한옥마을에서 판매하는 것은 대개 전주의 전통 음식들이 아니라 독특하게 개발된 길거리 음식들이다. 그러니 처음 방문하는 고객들을 대상으로 어떤 제품으로 승부해야 될지 마케팅 전략을 잘 구사해야 한다. 여행자들의 블로그를 활용해 마케팅을 하는 것도 한 방법이다.

경험과 지식 중 하나만을 가지고 마케팅 전략을 짜는 것은 분명히 한계가 있다. 마케팅 전략을 짜려면 체계적인 학습과 다양한 네트워크를 활용해 차별화된 성공 기법을 찾아 나서야 하는 것이다. 지금부터 자신만의 마케팅 전략을 만들기 위해서 어떻게 해야 할지 고민하고 과감하게 실행해 보기 바란다.

3. 손해 보지 말고 오래 버텨라
  - 시장에서 이기는 법칙

우리가 실행하는 모든 사업들은 사전에 철저히 계획하고 그만큼 꼼꼼하게 살펴봤음에도 시장에서는 대부분 패배한다. 치열하게 싸워서 패배를 한 후 되돌아보면 어디서부터 잘못되었는지가 보인다. 결과를 놓고 보면 왜 패배했는지 알기 때문이다.

그렇다. 우리는 강인한 도전 정신으로 시작했지만 막상 어떻게 해야 될지 모르는 막막한 상태에서 출발도 못한 채 길을 잃는 경우가 다반사였다. 시장에 나가는 순간 내가 가진 자본은 남들의 것이 된다. 모두 빼앗긴 후 비로소 자신의 위치를 판단하고 실패한 이유를 알게 된다. 싸워 봐야 이기는 법을 아는 것이다.

시장에서 확보 가능한 영역을 구축하기 위해서는 치열한 마케팅 전쟁을 치러야 한다. 그 전쟁에서 이기는 것은 준비를 얼마나 체계적으로 잘 했느냐가 좌우한다.

총알이 없다면 동굴 속에 일단 숨어라

더 이상 싸울 총알이 없다면 게임은 끝나게 된다. 그래서 싸우기 전 철저한 계획과 전략이 필요한 곳이 시장이다. 어차피 시장은 오래 버티는 1~2위만 남는다. 그런 시장이 언제 오느냐가 문제이다. 하지만 오래 버티려면 일단 손실이 나지 않아야 한다. 버티는 전략은 손실 방어 전략을 쓰다가 경쟁자들이 하나둘씩 사라질 때 본격적으로 비용을 쓰면서 경쟁하는 것이다.

그렇다면 총알을 최대한 아끼면서 이기는 차별적인 마케팅 전략을 구축하기 위해서 필요한 것은 무엇일까? 우선은 마케팅의 최신 정보를 빠르게 습득하고 성과를 확인해야 한다. 하루가 다르게 변하는 시장에서 수요와 공급의 예측을 잘해야 하고 제품의 판매를 이끌 수 있는 활동들이 뒷받침되어야 한다. 당장의 판매에 연연하기보다 언제쯤 이 과열된 시장이 정리가 되는지, 언제쯤 본격적인 전략을 실행해야 되는지를 늘 고민해야 한다.

시장에서 판매되는 제품들은 대부분 마케팅 테스트를 성공적으로 거쳐서 나온 것들이다. 쟁쟁한 경쟁을 뚫고 탄생한 제품이라도 시장에서 고객의 마음을 얻지 못하면 사라지는 것은 한순간이다. 아무리 훌륭한 제품을 만들고 잠시 동안 잘 팔리더라도 마찬가지다. 고객들에게 지속적인 구매력을 유발시키지 못하면 단순 판매 제품으로 끝나 버리는 경우가 태반이다.

고객들이 열광하면서 없어서 못 팔던 제품들도 일정 시간이 지나면 서서히 관심이 식는다. 세상의 모든 이치가 그렇다.

급속하게 퍼져 나가는 제품의 뒤에는 그만큼 빨리 식어 버리는 한계성이 존재한다. 마케팅 전략을 성공적으로 진행했더라도 연속적으로 구매력을 자극하지 못하면 금방 고객들로부터 외면받는다.

수익을 올리지 못하면서 마케팅 비용을 무한정 지출할 수는 없다. 그것은 마케팅의 기본적인 법칙이다. 하지만 일반적으로 사업의 업태에 따라서 고객을 창출시키는 방식은 달라진다. 소셜커머스업체들은 당장의 수익보다는 기업의 미래 가치 증대에 더 비중을 둔 경우라고 볼 수 있다.

소셜커머스업체 중에서 티켓몬스터는 2013년에 1,149억의 매출을 올렸지만 700억가량의 영업 손실을 기록했다. 매년 손실이 지속되고 있지만 광고 비용의 지출은 더욱 확대되는 추세이다. 특히 최근 언론사의 보도에 따르면 CJ와 LG 등에서 티켓몬스터의 인수를 적극 추진하고 있다. 이는 영업이익 면에서 손실이 나더라도 기업 가치를 반영시키는 1,000만 명이 넘는 회원수 때문이다. 온라인에서 기업의 가치는 가입된 회원수로 평가받는다. 회원수가 일종의 권리금처럼 온라인 기업의 중요한 자산이 되는 것이다.

시장에 진입할 때는 장기적인 관점에서 사업의 목적이 무엇인지를 명확하게 파악해야 한다. 그렇지 않고 무조건 상대방의 전략에 따라가면 시장에서는 오래 버티지를 못한다. 자신만의 마케팅 전략을 구축하고 기업의 가치를 올릴 수 있는 목표점을 분명히 제시해야 한다. 단지 물건을 팔아서 수익을 올리겠다는 전략이라면 시장에서는 자금의 압박 때문에 얼마 견디지 못한다.

파는 전략보다 살아남는 전략이 중요하다

'바로 이거야' 하는 좋은 아이템을 만들려면 여러 가지를 고려해야 한다. 아이디어만 훌륭하다고 시장에서 오래 버틸 수 있는 것이 아니다. 기업 가치를 올리기 위한 분명한 목표를 먼저 구축하고 상황에 맞는 전략을 실행해야 한다.

경쟁사는 늘 뒤따라오기 마련이고 수많은 경쟁자들로 초기 시장은 혼탁해진다. 돈이 되면 누구든지 들어올 수 있는 곳이 시장이다. 그동안 시장에서 이기기 위한 전략을 연구하고 적용해 본 결과 여기에도 일정한 법칙이 있다. 수익이 아닌 가치로 승부하는 것이다.

일반적으로 아무리 탄탄하고 획기적인 아이템을 발굴해서 사업을 시작하더라도 사업을 성장시키려면 3년간은 지속적인 자금이 들어간다. 이 고비를 버티지 못하면 대부분 무너진다.

그동안 우리는 시장에 진입하면 무조건 규모를 키우는 것을 목표로 생각해 왔다. 규모가 크면 그만큼 기업의 가치를 인정받고 경쟁사들을 물리칠 수 있을 것이라는 생각 때문이었다. 그래서 초기에 지나친 비용을 마케팅에 투입하고 시장에서 점유율을 올리기 위한 싸움에 온통 집중해 왔다.

좋은 아이템과 획기적인 아이디어를 무너트리는 것은 이렇게 잘못된 방식의 경영 철학이다. 자신의 아이디어를 시장에서 얼마나 지킬 수 있는지가 관건이라고 판단하여 무리한 자금을 시장에 쏟아 붓다 보면 매출을 일으켜야 된다는 사고를 벗어나지 못한다.

좋은 아이디어를 갖고 있는 기업이라도 시장에서 버티지 못하고 쓰러지면 그것을 뒤에서 살펴본 후발 주자나 우량 기업들은 앉아서 시장을 차지한다. 그렇게 되는 악순환을 막아야 한다. 아이디어와 소자본으로 시작한 기업가 정신의 기업들 대다수가 초기 자본의 부족 현상으로 오래 버티지 못한다.

그래서 자금과 아이디어만 가지고 사업을 하려는 생각은 버려야 한다. 수익에만 목숨을 걸고 경쟁하기보다는 기업의 가치를 올릴 수 있는 방법을 철저하게 연구해야만 한다.

우리도 늘 시장에 당하기만 할 수는 없다. 자금의 무한정 투입을 막고 자신만의 마케팅 전략을 활용해야 한다. 사업을 한 후에는 지속적인 자금 유출의 현상을 피할 수가 없다고 생각하지만 이는 잘못된 운영 방식이다.

기업의 가치가 단기간에 올라가지 않는다고 판단이 되면 혼탁한 시장에 끌려가서는 안 된다. 후발 주자들은 선발 주자를 따라잡기 위해서 광고비를 지속적으로 투입한다. 그러나 그것은 밑 빠진 독에 물 붓기란 사실을 알아야 한다. 상위 주자들은 시장의 파이를 크게 키울 목적으로 더욱더 자극적이고 큰 모험을 한다. 일단 1위나 2위가 되면 시장은 모두 자신들의 몫이기 때문이다. 여기서부터 경쟁이 본격화되고 후발 주자들도 따라붙기 위해서 무리한 투자를 감행한다.

그러나 원칙을 잊어서는 안 된다. 시장에서는 극도의 자제력과 평정심이 필요하다. 따라가기 위해 모험을 하지 말아야 한다. 자신의 길을 잃은 채 경쟁사들의 모습만 보면서 달려가면 결국은 희생양이 된다. 이럴 때는 혼탁한 시장이 정리될 때까지 오래 버티는 전략을 활용해야 한다. 초기 진입이 용이한 시장에서는 수백 개의 업체가 난립해도 결국은 자본이 바닥나 몇 개의 업체들만 남는다.

매출은 높은데 기업이 무너지는 것은 대부분 잘못된 방식의 경영을 하기 때문이다. 만약 누군가 몇만 개의 제품을 한꺼번에 구매하겠다는 제안을 해온다면 당신은 어떻게 하겠는가? 아마도 기뻐서 팔짝팔짝 뛸 것이다. 1년 매출을 한 번에 만회할 수 있는 기회가 되니 말이다.

하지만 현금 거래가 아니면 무조건 하지 말아야 한다. 시장에서 거래를 할 때는 원칙이 분명해야 한다. 오래 버틸 수 있는 힘이 바로 원칙이다. 당신의 초조하고 지친 마음을 너무도 잘 알고 접근하는 이들의 제안이란 점을 명심해라.

해외에서는 이런 일들이 비일비재하다. 특히 주재원들을 상대로 이런 제안이 많이 들어온다. 주재원들은 해외 근무 특성상 실적에 대한 압박과 스트레스가 이만저만이 아니기 때문에 거래를 달성하고자 하는 목표가 강하다. 하지만 해외에서는 물건부터 주면 돈을 못 받는 경우가 대부분이다. 물건부터 주는 사업이 대다수인 국내 유통 시장도 자본이 없으면 오래 버티질 못한다.

만약 물건을 팔아서 수익을 내는 비즈니스 모델이라면 현금 거래를 원칙으로 해야 한다. 외상 거래를 하지 말고 시장에서 오래 버티면 그것으로 승리자가 될 힘을 얻을 수 있다. 신제품을 판매할 때도 마찬가지다. 초기 매출에 열을 올리다 보면 외상으로 거래를 하게 된다. 파는 것이 주된 목표가 되기 때문에 어쩔 수 없이 거래 조건이 취약해진다.

마케팅 비용의 투입 목표를 제품의 수익에 맞추면 끝이 보이지 않는 싸움이 될 것이다. 마케팅 비용의 투입은 기업의 가치를 올리는 길과 함께 가야 한다. 비용이 기업의 가치를 올리는 데 반영되지 못한다면 비용 투입 전략은 수정되어야 한다.

오래 버티는 마케팅 전략은 높은 수익을 벌어들이지는 못하더라도 장기적으로 기업의 브랜드와 인지도를 상승시키는 효과가 있다. 광고비와 대규모 마케팅 비용을 지출해서 회원들을 유치하는 전략은 수익 모델의 실현이 쉽지 않다. 비용을 투입해서 기업의 가치를 단기간에 올리는 전략도 있을 수 있다. 하지만 오래 버티고 절대 손해 보지 않으면서 기업의 가치에 주력하는 마케팅 전략도 충분히 승산이 있다.

4. 고객 설문 조사는 참고만 해라
- 고객 진실 법칙

일반적으로 기업들은 고객이 원하는 신제품을 출시하거나 고객들이 불편해하는 것을 찾기 위해서 설문 조사를 한다.

그런데 마케터는 설문 조사를 통해서 모든 것들을 해결할 수 있을 거라는 발상을 버려야 한다. 고객은 자신들의 불편한 점을 세세하게 말하고 싶어 하지 않는다. 설문 조사를 통해서 모든 고객들의 세부적인 불만 사항을 찾아서 제품화한다는 것은 그 자체로 거의 불가능하다. 그것을 찾아서 신제품을 출시하더라도 고객들 대다수가 원하는 제품은 아닐 것이다.

세계적인 식품 기업 네슬레(Nestlé)는 쉽게 포장지를 뜯을 수 있는 신기술을 신제품에 적용해서 고객들로부터 많은 호응을 얻었다. 그런데 고객들에게 설문 조사를 했을 때는 제품의 포장지 개선에 대한 의견은 거의 없었다.

고객들의 불만 사항이나 개선 사항은 직접적으로 마케팅 조사에서 밝혀지지 않는 경우가 많다. 또한 설문 조사를 통해서 특정 고객이 제품에 대한 불만 사항을 제시했는데 그것을 전체 고객들의 불만 사항으로 혼돈해서 제품에 적용하는 사례도 빈번하게 일어난다.

이제부터는 고객들이 진정으로 원하는 것을 찾는 전략적 마케팅 시장조사 방법이 필요하다. 마케터가 만든 제품에 대한 평가 수준이나 이미 기획 단계에 있는 제품의 컨셉을 고객들에게 확인 받는 수준으로는 설문 조사를 해도 효과를 보기 어렵다. 그동안 마케터는 설문 조사 결과를 그럴듯하게 보고서에 활용하고 싶은 욕구가 강해서 제대로 된 설문 조사를 하지 못했다.

고객들의 세부적인 니즈(Needs, 요구)를 찾고자 한다면 정확한 방법으로 고객의 의견을 수렴해야 한다.

설문 조사를 요청할 때는 설문의 내용을 고객들이 인지를 할 수 있어야 정확한 결과를 얻을 수가 있다. 어떤 제품인지도 잘 모르고, 어떤 의견을 요구하는지도 잘 모르는 상태에서는 고객들이 제대로 된 답변을 하지 못한다. 고객에게 특정 시장의 반응, 신제품의 효과, 개선 사항 등을 요구할 때는 인터뷰가 더 효과적이다.

그리고 고객들의 의견에서 아이디어를 얻어 제품을 기획하더라도 실제로 구매까지 연계될 수 있는 과정의 연결 고리는 갖추지 못하는 한계가 있을 수 있다.

고객들에게 묻기 전에 먼저 불편함과 개선점에 착안해서 제품을 출시하는 마케팅 전략이 우리에게는 필요하다. 고객들은 절대로 먼저 불편함을 이야기하지 않는 법이다.

고객들이 말하는 답은 정답이 아닐 수도 있다. 그대로 믿을 것이 아니라 고객들이 실제 필요로 하는 니즈를 발굴해야 한다. 그리고 니즈에 맞는 해결 방안은 마케터가 찾아야 할 몫이다.

사실, 회사로서는 지금까지 고객들의 의견을 귀담아 들어 주지 못한 책임도 있다. 고객들이 설문 조사를 통해서 세부적인 개선 아이디어를 제안하면 회사는 그러한 의견을 수렴하기보다는 어렵다는 의견을 많이 제시하였다. 포털 업체들의 경우에는 고객들의 개선 문의가 하루에도 수백 건씩 접수가 된다. 그중에서 현실적으로 수용할 수 있는 것들은 많지가 않다.

그러나 진정으로 시장에서 승리하고자 한다면 고객들이 왜 저런 생각을 했는지를 분석하고 철저하게 마케팅 전략에 활용해야 한다.

하지만 대개의 경우 고객들은 설문 조사에 차별적인 아이디어를 제시하려고 하지 않는다. 왜냐하면 지금 진행되는 설문 조사들은 대부분 신제품 출시 보고서에 활용해서 출시의 정당성을 높이기 위한 목적이란 것을 잘 알기 때문이다.

진정으로 고객들이 가지고 있는 생각을 공유하지 못한 채 설문 조사에 의존하여 신제품을 양산한다면 백전백패를 한다는 사실을 명심해야 한다.

5. 지식으로 경쟁하지 마라
- 지식 한계 법칙

학습한 전략들을 시장에서 그대로 실행시키는 사람들이 과연 얼마나 될까? 이론과 실행이 공존하기는 그만큼 어려운 부분이다. 작은 일도 계획처럼 되지 않을 때가 많다.

전략은 이기는 싸움을 하기 위해 목표점과 계획을 철저하게 세우는 것이다. 전략을 지식으로만 짜는 것은 한계가 많다. 시장은 점차 빨리 변하고 고객들은 찰나의 순간에 구매 결정을 하기도 한다.

이에 발맞춰 최근에는 MOT(Moment of Truth) 마케팅을 펼치기도 한다. MOT 마케팅은 고객과 접촉하는 짧은 순간에 최대한 고객에게 밀접하게 접근하여 고객을 설득하는 전략이다. 고객과 접촉하는 순간에 브랜드, 제품의 장점, 제품의 품질, 서비스, 사후 관리 등 모든 영역을 짧은 시간 안에 보여 주는 것이다.

그런데 때로는 이렇게 다양한 전략들을 고객들에게 제시해도 효과를 보지 못하는 경우가 많다. 그래서 어떤 사람들은 시장의 변수들이 워낙 많기 때문에 그냥 하는 식으로 하면 된다고 생각한다. 물론 늘 하던 방식대로 하더라도 이길 수 있고 반대로 철저히 전략을 세웠어도 실패할 수 있다.

세상의 모든 것들은 정해진 법칙대로 움직이지는 않기 때문이다. 그러나 전략을 세우지 않았다면 실패한 수준의 목표조차도 달성하기 어려웠을 것이다. 기대에 못 미치는 성적을 받았다고 낙심할 이유가 없다. 그런 노력조차 하지 않았다면 아마도 더 낮은 점수로 패배했을지도 모른다.

불확실한 전략의 성공 가능성을 높이는 길은 현장의 목소리에 귀 기울이는 것이다. 회사에서 어떻게 팔아야 하는지의 마케팅 이론에 익숙해져 있는 사람들 중 대부분은 자신이 대단한 전략가로서 남들보다 앞서 있다고 생각한다. 그러나 전략은 당신이 실제로 경쟁하는 상대가 누구냐에 따라서 그 가치가 달라지게 된다.

함께 모여 있는 회사 사람들과 경쟁을 하는 것이 아니라 제품이 판매되는 시장에서 전략적 우위를 보여야 한다. 그럼에도 우리는 작은 시야를 가지고 회사 내에서 전략을 수립하고 분석하고 관리하는 사람으로서 자부심을 갖는다.

하지만 실제로 회사의 마케터들이 상대하는 경쟁 상대들은 외부에 있다. 몇몇 사람들에 의해서 평가를 받는 것에 만족하지 말고 부단한 의지와 노력으로 눈에 보이지 않는 전략들을 파악할 줄 알아야 한다.

전략의 우위를 판가름하는 곳은 시장이다. 그 시장에서 자신이 어떤 위치에 있는지를 명확하게 알아야 한다. 잘못된 전략적 의사 결정을 하지 않는 길은 시장이 어떻게 흘러가고 있고, 그 시장 속에서 자신이 어떤 경쟁을 펼쳐야 할지를 빠르게 파악하고 대비하는 것이다. 이는 곧 성공하는 전략가들의 비결이기도 하다.

얼마 전에 필자에게 마케팅 자문을 의뢰한 청년 창업가가 있었다. 동영상 기반의 소프트웨어 상품을 개발 중에 있는데 완성되기 전에 기술을 다른 중간 업체에 팔겠다는 것이 그의 생각이었다. 자신이 만든 기술력의 가치가 더 이상 시장을 창출시키지 못할 가능성이 크니 빨리 팔아 버리고 다른 묘수를 선택하자는 것이었다. 다른 직원들도 모두 다 같은 생각이라고 했다. 즉, 버티느냐 빨리 처분하느냐의 문제였다.

그러나 필자는 다른 의견을 제시하였다. 꿈을 갖지 못하면 결국 사업의 성장은 없어지고 전략도 사라지게 된다. 내부보다는 외부에서의 평가를 더 중요하게 판단해 보라고 조언했다. 지금 현재의 기술이 볼품없고 가치가 없다는 것은 내부의 의견일 뿐이다. 아직 시도도 해 보지 않았기 때문에 외부의 평가를 들어 보고 판단해도 늦지 않다.

더 이상 회사 내에서 자신의 전략이 우위에 서 있다고 이야기할 필요도 없고, 타인의 전략에 대해서 구체적으로 비판할 이유도 없다. 회사 내에서 전략가로 손에 꼽히더라도 시장에서는 그 이상으로 존재하는 사람들이 넘쳐 난다는 사실을 명심해야 한다.

6. 문화적 혜택과 제품을 융합해라
– 융합 법칙

최근의 소비 트렌드는 인간의 행복과 문화적 감수성을 중요하게 생각한다. 고객이 여가 시간을 즐겁게 보낼 수 있는 다양한 콘텐츠들이 개발되고 있으며 과거에는 어울리지 않던 제품들 간의 장벽이 허물어지고 있다.

예를 들면 아파트 단지 내에 주민들의 편의를 위해서 골프 연습장, 애견숍, 유명 입시 학원, 독서실 등이 입점하는 것을 쉽게 볼 수 있다. 과거 건설사들이 아파트만 제공하던 방식에서 벗어나서 이제는 주민들 스스로 필요한 문화적 콘텐츠를 선택하게 함으로써 분양률을 높이는 전략이다. 단순히 집을 소유하는 것에 만족하지 않고 문화적 혜택을 누리는 것으로 소비 욕구가 확대됨에 따라 제품과 문화적 혜택을 결합하는 마케팅 방식이 크게 늘고 있다.

신용카드사에서는 결제 기능 이외에 얼마나 다양한 문화적 혜택을 고객들에게 제공하는지가 가입률을 올리는 결정적인 요인이 되었다. 이제 신용카드는 단순하게 결제의 수단이 아닌 놀이시설, 쇼핑, 영화 등 문화적 혜택을 누리는 또 다른 목적으로 활용되고 있다. 과거에는 문화가 부가적인 서비스로 활용되는 것이 전부였지만 이제는 문화 마케팅이 가장 활발한 곳이 신용카드업계다. 한 신용카드사는 공연 무대에 쉽게 오르지 못하는 젊은 예술인들에게 홍보의 기회를 제공하기 위해 공연 유망주를 발굴하고 공연 인프라를 확장하는 사업을 지원하고 있다. 또 다른 신용카드사는 대형 콘서트를 개최해서 외국 아티스트들의 공연을 회원들이 감상할 수 있게 한다. 회원들의 카드 실적이 높아질수록 수준 높은 문화적 혜택이 제공되는 마케팅 전략이다. 또 다른 신용카드사는 어렵게 살아가는 사회 초년생을 겨냥해서 웹툰 만화 사업의 육성을 지원하고 있다.

이렇게 소비 트렌드를 문화 산업과 연계하는 마케팅은 기업이 큰 비용을 투자하지 않더라도 효과를 볼 수 있기 때문에 적극적으로 활용되고 있다.

문화는 인간의 소비 심리를 자극하는 가장 중요한 수단이다. 이를 활용해 사람의 마음을 움직이는 차별화된 마케팅 전략을 구축해야 한다. 이제 고객은 가격, 품질, 서비스 등 다양한 제품의 정보를 언제든 인터넷으로 파악할 수 있게 되었다. 나아가 고객은 제품을 구매할 때 어떤 즐거움과 가치가 있는지를 알고 싶어 한다.

얼마 전까지 후발 주자들은 1+1 판매, 증정 마케팅, 가격 할인 행사 등을 가장 강력한 마케팅의 수단이라고 생각해 왔다. 이는 기업의 입장에서 단시간 안에 시장점유율을 끌어 올리는 최선의 방안이었으며 많은 제품을 판매할 수 있어 유용한 판촉 전략이었다. 고객들도 같은 가격이면 양을 많이 주는 것에 매력을 느꼈다.

그러나 이제 고객은 가격적인 혜택만으로는 만족을 얻지 못한다. 제품의 증정이나 가격 할인 행사를 통해 단기간 내에 만족도를 향상시킬 수는 있지만 장기적인 관점에서는 오히려 제품 고유의 차별화된 가치를 떨어트릴 수 있는 위험이 있다.

그래서 마케팅 전략도 시대에 따라서 변한다는 것을 직시해야 한다. 마케팅 전략이 과거에 머물러 있으면 고객들로부터 신뢰를 받을 수가 없다. 과거처럼 비용을 써서 점유율을 올리거나 매출을 올리려는 단순한 사고방식을 넘어 고객들에게 문화적 가치와 즐거움, 혜택을 제공하는 차별적인 마케팅 전략이 개발되어야 한다. 그것이 바로 최근 다양한 기업들이 시도하고 있는 문화적 마케팅이다.

구매와 문화적 컨텐츠를 융합한 마케팅 전략은 미래 고객의 수요를 창출시키는 가치이며 향후 제품을 구매하는 가장 큰 기준으로 변화할 것이다. 고객들은 제품을 통해 자신의 삶을 윤택하고 즐겁게 가꿀 수 있다는 가치를 발견할 때 비로소 구매를 하기 때문이다.

파급 효과를 일으켜라

마케팅은 방법의 영역이고 전략은 응용의 영역이다. 응용력이 있어야만 수익은 지속적으로 창출된다. 시장에서 똑같은 방식을 적용해서는 절대로 생존하지 못한다. 잘되는 일은 남들도 다 알고 그냥 놔두지 않기 때문이다.

마케팅 전략 중에서 '원소스 멀티유스(One Source Multi Use)'라는 전략이 있다. 한 가지 소재를 다른 영역에 적용해서 파급 효과를 일으키는 전략이다. 예를 들면 월트 디즈니는 자사의 애니메이션을 다양한 캐릭터 상품에 적용하여 큰 수익을 올렸다. 〈아기공룡 둘리〉나 〈달려라 하니〉 등의 국내 순수 만화들도 TV 및 극장 애니메이션, 광고 등 다양한 영역에 적용하여 많은 인기를 얻었다.

유아용품이나 학습용품 등은 판매의 많은 부분을 광고 캐릭터에 의존하기 때문에 다양한 캐릭터 상품을 개발하는 중이다. 이제 제품에 적용되는 인기 있는 캐릭터는 하나의 브랜드가 되는 추세다. 자체적으로 상품을 개발하는 것도 중요하지만 원소스 멀티유스 마케팅을 잘 구축하면 좋은 마케팅 전략이 될 수 있다.

한국 영화 중에서는 〈국제시장〉이 얼마 전에 많은 인기를 얻었다. 부산에 있는 국제시장은 영화를 보고 난 후 관광객들이 한 번쯤 방문해서 감동을 느끼는 명소가 되었다. 영화나 애니메이션의 콘텐츠는 다른 산업과의 연계성을 잘 갖추면 좋은 상품이 된다.

최근에는 인기 있는 방송 프로를 TV 광고와 연계하여 다양한 캐릭터 상품들로 창출시키고 있다. 인기 있는 운동선수들 역시 다양한 캐릭터 상품과 연계하여 제품 마케팅에 활용할 수 있다.

문화 마케팅은 최근 들어서 다양한 소재로 확대되는 추세에 있으며, 소비의 중심에서 강한 구매력을 이끄는 마케팅 전략으로 손꼽힌다.

Chapter 2.

마케팅, 응용하기 전에 이론부터 배워라

1. 마케팅에서 영원한 1위는 없다
- 경쟁 법칙

이제까지 통용되던 마케팅 불변의 법칙은 시장에서 한번 1위를 차지한 기업은 앞으로도 계속 1위를 고수한다는 것이다. 국내 시장을 살펴봐도 업계 1위가 2위로 뒤바뀌는 사례는 찾기가 어렵다. 한번 1위를 차지한 업체들은 대부분 몇십 년씩 1위 자리를 지킨다. 후발 주자들은 초기에 시장을 장악한 기업들은 절대 앞서 나가지 못한다는 것이 마케팅의 원칙이었다.

하지만 이 원칙이 이제는 사라지고 있는 추세다. 노키아는 1989년 모토로라를 누르고 세계 휴대폰 시장의 50%를 장악하며 20년간 1위를 지킨 기업이다. 하지만 조직의 관료주의 현상과 스마트폰 개발의 지연으로 한순간에 시장에서 사라지게 되었다. 노키아는 2006년 최고 전성기를 누렸지만 불과 10년도 안 돼서 추락하였다.

노키아의 실패 사례는 우리에게 마케팅에 절대적인 원칙이 없음을 다시 한번 증명한다. 지금 1위를 달리는 기업이라도 한순간의 자만으로 추락할 수 있음을 단적으로 보여 주는 것이다.

1980년대 종업원 13만 명을 보유했던 초대형 기업 코닥 또한 마찬가지다. 한때 미국에서 필름 판매의 90%, 카메라 판매의 80%를 차지했지만 디지털 카메라에 밀려 131년 역사에 종지부를 찍었다. 코닥은 이미 1970년대에 디지털 카메라를 개발했음에도 기존의 시장에 안주하며 새로운 시장 개척에 적극적으로 나서지 않았다. 당장의 이익이라는 편안함과 달콤함을 누리느라 새로운 영역을 개발하려는 노력을 게을리한 것이다.

기업이 점차 빨라지는 트렌드에 적응하지 못하면 몇십 년간 1위를 하더라도 금방 시장에서 사라진다. 노키아나 코닥으로서는 후발 업체들이 자신들의 시장에 들어오는 것에 별다른 두려움이 없었을 것이다. 그러나 두 회사는 급격한 변화를 겪는 고객과 시장 트렌드를 읽지 못하며 급격하게 시장에서 사라지게 되었다.

이제 고객의 변화를 빠르게 감지하지 못한 기업에 영원한 1위는 없다. 국내 시장뿐 아니라 세계 시장에서도 1위를 달리는 기업의 순위가 하루가 다르게 바뀌는 것을 알 수 있다. 기업 간의 경쟁이 기술력과 품질이 아닌 고객들의 소비 패턴에 크게 좌우되기 때문이다.

일반적으로 프로덕트라이프사이클(Product Life Cycle, 제품수명주기)은 도입기(Introduction), 성장기(Growth), 성숙기(Maturity), 쇠

퇴기(Decline)로 구분된다. 이 중 시장의 규모가 더 이상 커지지 않는 시장을 성숙기라고 한다. 성숙된 시장은 매출과 수익도 줄어들기 때문에 대부분 투자를 계속하는 대신 기존 시장에서의 이익 관리에 중점을 둔다. 그런데 성숙기 시장에서도 새로운 신제품을 생산해서 시장의 규모를 다시 키우는 사례를 찾아볼 수 있다.

운동화는 성숙기 시장에 접어든 것으로 여겨지던 대표적인 제품이다. 과거 80~90년대만 하더라도 다양한 브랜드 제품들이 즐비하게 출시되었으며, 당시 브랜드 농구화는 모든 학생들이 가지고 싶어 하는 제품이었다. 하지만 이제는 농구화를 신는 사람은 찾아보기가 어렵다. 대신 최근에는 건강과 기능 중심으로 제품이 판매되며 운동화가 제2의 전성기를 누리고 있다. 성숙기에 접어들었던 운동화 시장이 다시 떠오른 이유는 운동화 시장 자체가 성숙된 것이 아니라 그 시대의 트렌드가 성숙된 것이기 때문이다. 새로운 트렌드가 나타나면 성숙된 시장도 다시 성장기 시장으로 바꿀 수 있다.

독특한 한국인만의 마케팅 세계가 있다

1997년 국내에 출범한 야후는 2000년대 인터넷 포털업체 중 80%가 넘는 점유율로 국내 1위를 차지했다. 하지만 2000년대 중반이 되면서 급격하게 시장점유율이 하락하고 결국은 네이버에 1위

자리를 내주게 된다. 시장점유율 80%가 사라지는 것은 순식간이었다. 네이버가 점유율을 높일 수 있었던 데는 차별화된 검색 서비스가 중요한 역할을 했다. 야후, 엠파스 등이 제공하던 일반적인 검색 시스템과 달리 네이버는 뉴스, 이미지까지 포함한 통합검색 서비스를 제공한 것이다. 이 같은 통합검색은 이용자가 원하는 정보를 제공하는 탁월한 능력으로 경쟁자들을 따돌리게 되었다. 또 카테고리상에서 이용자의 만족도가 높은 결과를 우선적으로 제공하며 다른 포털업체와 차별화를 시켰다. 결국 이용자의 만족도를 높임으로써 선발 주자들을 따돌리고 점유율 1위를 달성할 수 있었다.

이렇듯 네이버는 한국인의 특성을 잘 이해하고 그에 맞는 서비스를 제공하는 마케팅으로 성공할 수 있었다.

1996년 국내 유통시장이 개방되자 까르푸, 월마트, 코스트코와 같은 해외 대형 할인점이 빠르게 입점했다. 외국계 할인점은 강력한 시장 경쟁력과 가격 경쟁력으로 당시 대형 슈퍼마켓이 전부였던 국내 유통시장을 장악하기 시작했다. 국내 기업으로서는 대형 할인점을 경영해 본 노하우가 전무했기 때문에 외국 대형 할인점에 시장점유율을 빼앗길 수밖에 없는 상황이었다. 하지만 국내 토종 할인점인 이마트, 롯데마트 등은 후발 주자로 입점하면서 외국계 할인점과는 다른 마케팅 전략을 활용했다. 물건의 진열 방식, 계산대의 효율적 운영, 제품 묶음 판매 등을 변화시킴으로써 외국계 할인점의 방식이 아닌 순수 한국인들의 성향에 맞는 매장 운영 시스템으로 탈바꿈했다.

　결과적으로 2000년대 중반에 접어들면서 토종 대형 할인점은 외국계 할인점을 대부분 철수시키는 저력을 발휘하였다. 글로벌 기업들은 한국에 진출할 때 시장을 선점하더라도 시간이 지날수록 후발 주자로 들어오는 한국 기업에 시장을 빼앗기는 것에 주목한다. 이는 독특한 한국식 마케팅을 발휘해야만 국내 시장에서 성장할 수 있다는 사실을 증명하는 것이다. 특히 우리나라 국민들은 전세계 어느 국민보다 애국심이 강한 것이 특징이다. 애국심은 구매에 큰 영향을 미치기 때문에 마케팅 전략을 수립할 때 반드시 살펴야 될 중요한 부분이다.

2. 자금을 배분시켜라
- 자금 배분 법칙

'BCG 매트릭스(BCG Matrix)'는 보스턴 컨설팅 그룹에서 제품 개발과 시장 진입 전략을 수립하기 위해서 만든 지표이다.

전략을 체계적으로 정리한 사례가 극히 부족했던 사업 개발 분야에서 BCG 전략의 탄생은 많은 기업에 시장 진입의 전략이 중요하다는 것을 인식시켜 주었다.

보스턴 컨설팅 그룹에서는 제품을 개발하고 시장 전략을 수립할 때 세로축과 가로축의 매트릭스를 활용하였다. 우선 세로축에는 사업의 성장률을, 가로축에는 시장점유율을 표시한다. 사업 단위의 현 상황을 파악하여 전망이 불투명하다면 물음표(Question Mark), 성장률이 높고 시장점유율이 낮다면 스타(Star), 성장률이 낮고 시장점유율이 우수하다면 현금젖소(Cash Cow), 성장률과 시장점유율이 둘 다 낮다면 개(Dog), 이렇게 총 4가지로 구분하였다.

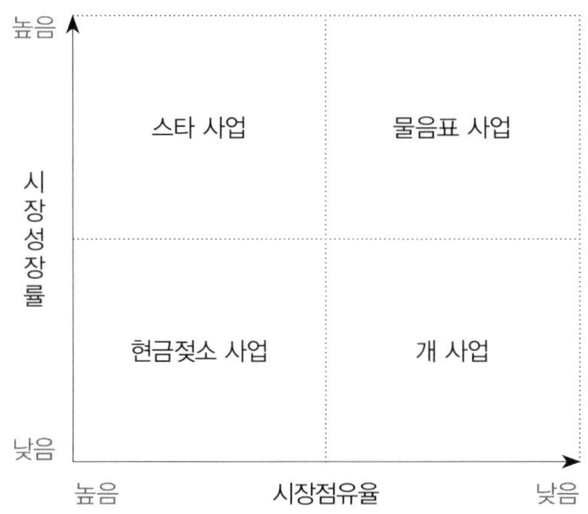

BCG 매트릭스

BCG 매트릭스는 지금까지도 많은 기업에 의미하는 바가 크다. 기업이 전략을 세울 때는 어떤 포트폴리오로 사업 전략을 세우느냐가 관건인데 BCG 매트릭스는 복잡한 사업 환경에서 기업이 전략적으로 시장에 진입할 수 있는 핵심적인 방향을 제시해 주었다.

사업의 관리자 입장에서는 현재의 시장에서 어떤 방향으로 사업을 성장시켜야 될지가 분명하게 제시되어야 한다. 그런데 그동안은 어디에 자금을 효과적으로 투입해야 되는지가 항상 문제였다. 이런 상황에서 BCG 매트릭스는 기업의 자원을 효과적으로 어디에 배분시킬 것인지를 파악할 수 있는 좋은 프래임워크(Framework)가 되었다.

BCG 매트릭스를 활용하는 방법은 다음과 같다. 우선 우측 상단에 물음표 사업, 좌측 상단에 스타 사업, 좌측 하단에 현금젖소 사업, 우측 하단에 개 사업이 위치한다.

스타 사업은 고성장 시장이며 높은 점유율을 유지하지만 지속적인 투자금이 들어갈 수 있기 때문에 리스크가 있는 편이다. 스타 사업은 단기적인 이윤 창출보다는 성장을 통해서 시장점유율을 확보하는 전략이 필요하다.

현금젖소 사업은 높은 시장점유율을 바탕으로 매우 안정적인 자금수익을 얻는 곳이다. 자금 창출의 바탕이 되기 때문에 기업에 있어서는 핵심 사업군으로 볼 수 있다. 현금젖소 사업에서 창출되는 이윤은 대부분 스타나 물음표 사업에 활용되며 다른 사업의 성장성을 확보하는 중요한 자금이다.

현금젖소 사업은 낮은 시장 성장률로 지속적인 이윤을 창출하기는 어렵기 때문에 시장점유율을 더 끌어올리는 전략도 중요하지만 유지하는 전략이 더 중요하다. 사업의 이윤을 최대한 확보하기 위해 투자를 줄이고 수익 중심으로 사업을 할 것인지는 사전에 전략적으로 판단해야 한다.

물음표 사업은 낮은 점유율로 인해서 시장 전망이 밝더라도 수익을 창출하지 못하는 상태다. 신중히 비용 투자를 하고 수익을 단기간에 올릴 수 있는 전략으로 돌아서는 것이 현명하다.

개 사업의 경우에는 낮은 시장점유율을 보이면서 성장률도 좋지 않기 때문에 사업을 포기할 것을 고려해야 한다.

　사업을 다각화하기 위해서는 효과적인 사업 전략의 기준이 마련되어야 한다. 이러한 기준은 재무적인 측면에서 현금 흐름을 원활하게 하기 위해서도 반드시 필요하다. 하지만 성장률과 점유율만으로 사업 전략을 평가하는 것은 한계가 존재한다. 결과적으로 사업 전략에는 기업이 꼭 필요로 하는 요소들을 전략적으로 활용하는 지혜가 중요하다.

3. 선순환은 이익을 창출시킨다

– 선순환 법칙

BCG 매트릭스는 각각 다른 4가지 영역의 전략을 다루는 것 같지만 실제로는 선순환되는 것이 가장 이상적인 모습이다.

BCG 매트릭스와 프로덕트라이프사이클을 비교하면 서로 일치되는 점이 분명히 있다. 현금젖소 사업에서 자금을 벌어서 물음표 사업에 돈을 투자하고, 스타 사업으로 이동시키며 사업을 확장시킨다. 그리고 자금을 뽑아 먹은 후에 퇴출시키는 개 사업의 단계까지 이동하는 경로가 제품의 수명주기와 매우 비슷하다.

즉, 물음표 사업 → 스타 사업 → 현금젖소 사업 → 개 사업의 순환 과정은 프로덕트라이프사이클과 일맥상통한다. 기업 전략은 이러한 선순환 구조를 따라 전개되기 때문에 자금을 어떻게 활용하는가, 이 문제에 대한 답이 곧 기업의 전략이 될 수 있다.

선순환 사이클을 운영하기 위해서는 기본적으로 고정적이고 지속적으로 수익 창출이 되는 사업이 있어야만 한다. 대부분은 기존 사업의 기반이 흔들린다는 이유로 새로운 사업에 진출하는데 이 경우 신규 시장으로 진입하는 속도가 늦어지고 기존의 수익 창출 사업이 퇴보되는 시기가 맞물리면 회사가 어려움에 처한다.

결국 이런 선순환 사이클은 사업의 이익이 어느 정도 발생한 후에 전략적으로 운영되어야 한다. 또한 사업이 지속되기 위해서는 이런 선순환 사이클을 이용해서 시장을 지속적으로 개발시켜 나가야 한다.

독일의 전기전자기업 지멘스(Siemens)는 설립한 지 168년이 되었다. 지멘스의 이러한 장수 비결도 다양한 업종으로의 전환을 시도한 데 있다. 최근 지멘스는 100년을 이어온 가전을 정리하고 에너지 사업에서 역량을 키우기로 하였다. 이런 선택을 할 수 있었던 배경에는 기존 제품과 새로운 제품의 사이클을 연계시켜 사업을 전환하는 지멘스의 프로덕트라이프사이클 프로그램이 있다.

또한 지멘스는 제품이 언제쯤 쇠퇴하고 언제 성숙기를 거칠 것인지를 판단하여 제품의 출시 시기를 앞당기거나 늦추는 전략으로 시장의 경쟁에서 이길 수 있었다.

프로덕트라이프사이클은 경험효과(동일 제품이나 서비스를 생산하는 두 기업을 비교할 경우, 일정기간 내에 보다 많은 제품이나 서비스를 생산했던 기업의 비용이 낮아지는 것)를 중요하게 판단한다.

경험효과를 기대하기 위해서는 시장을 선점한 기업이 우위를 행사하는 선점자의 이점(First Mover's Advantage)과, 대량 생산과 판매를 통해 이익을 증가시키는 규모의 경제(Economy of Scale)가 필수적이다. 선점자의 이점을 누리지 못하는 상황에서 단지 주도적인 성장을 목적으로 새로운 사업에 자금을 투입하는 것은 부적절한 전략이다. 최근에는 새로운 시장이 개척되더라도 금방 사라질 전망이다. 따라서 시장의 기이한 현상들을 관찰하며 기존 BCG 매트릭스를 통한 세부적인 전략이 충분히 검토되어야 한다.

4. 전략은 5세력으로 통한다
– 5세력 법칙

1979년 마이클 포터는 〈하버드 비즈니스 리뷰〉를 통해 5세력 (Five Forces), 즉 5가지 경쟁 요인이 경영 전략의 결정 요소라는 글을 발표했다. 포터가 주장한 경쟁 요인에는 기존 경쟁자, 신규 진입자, 대체품, 구매자, 판매자가 포함되며, 그에 따르면 이 5가지가 산업 내에서 수익을 지속적으로 창출한다. 기업이 장기적으로 경쟁에서 이기기 위해서는 5가지 요인의 산업 분석이 무엇보다 중요하다.

5세력은 기업이 전략을 창출하는 데 있어서 자신의 위치와 방향을 설정하도록 도와 준다. 그러나 5세력을 현재의 상태만을 분석하는 도구로 활용해서는 좋은 전략이 그려지지 않는다. 5세력은 미래의 전략을 그리는 기본이자 모든 전략들을 포괄하는 전략의 중심으로 활용되어야 한다. 마케팅 전략의 기본은 5세력을 정확하게 분

석하는 것이다. 기업은 5가지 경쟁 요인을 통해 지금의 상태를 진단
하고 앞으로 어떤 방향으로 나가야 할지를 결정해야 한다.

기존 경쟁자

기존 경쟁자와의 경쟁이 어느 정도 강한지를 측정하는 것이다. 기
존 경쟁자를 무너트리기 위해서는 가격, 영업, 광고 등 다양한 분야
에서 전쟁을 치러야 한다. 이렇게 경쟁을 통해 서로 소모전을 벌이
는 것은 기업의 수익성에도 악영향을 미친다.

경쟁이 심화되는 원인에는 몇 가지 이유가 있다. 경쟁 기업체 수
가 많거나 규모가 비슷한 경우, 제품의 차별화가 없고 전환비용이
많이 드는 경우, 고정비용과 재고 비용이 많이 드는 경우, 철수장벽
이 높거나 경쟁 업체들이 오랫동안 사업을 유지해 온 경우가 이에
해당된다.

이런 시장에서는 서로의 점유율을 빼앗아 오는 수밖에 없다. 더
이상 시장이 성장하기 어렵기 때문이다. 출혈경쟁으로 경쟁사를 압
박하면서 수익 구조가 무너지는 측면으로 전개되기 쉽다. 이렇게
경쟁이 심화된 산업구조에서는 제조사들이 소매점을 고정화(Lock-
In)하는 방법을 적극 활용한다.

소매점 아이스크림 시장은 성숙기 시장으로 진입한 지 오래다. 기

업들은 더 이상 시장 규모를 키우기 위해서 무리한 판촉전을 하지 않는다. 기존 경쟁자들 간에 시장이 철저하게 구분되어 있기 때문이다.

마치 전쟁을 오랫동안 하다 서로를 경제하는 휴전 상태에 들어간 것과 비슷하다. 각자의 영역에 침범하지 않는 것이 오히려 출혈을 막는 것이라는 것을 서로들 잘 알고 있다. 제조사들은 아이스크림 소매점인 슈퍼마켓에 냉장고를 임대해 주고 몇 년씩 거래 관계를 유지한다.

즉 슈퍼마켓은 아이스크림 제조사와 사전 계약 관계로 거래하기 때문에 경쟁자가 중간에 거래처를 뺏어 오기란 쉽지가 않다. 이렇듯 성숙된 시장에서는 기업들이 살아남고 가격 출혈을 막기 위해 소매점을 고정화하는 전략을 활용한다.

신규 진입자

신규 진입이 기업계에 많아진다면 기존 기업과 신규 진입 기업 간에 세력 다툼이 심해진다. 이 경우 신규 업체들은 프로모션을 적극 펼치거나 기존 제품보다 고품질, 고차별적인 제품을 시장에 내놓는다. 반대로 기존 업체들은 저가격 고품질의 제품으로 승부하려고 한다. 이러한 상태가 지속되면 업계 전체의 수익에 악영향을 끼친다.

신규 기업들이 지속적으로 들어오는 것은 진입장벽이 낮기 때문이다. 진입장벽을 높이는 방법으로는 규모의 경제, 제품의 차별화, 자금의 여유, 유통 채널의 다량 확보, 절대적 비용 우위, 정부의 보호정책 등이 있다. 이렇게 진입장벽을 높여서 신규 진입 기업들을 막으면 수익성을 확보할 수 있다.

대체품

기존 제품을 대체하는 제품이나 서비스를 파악하는 것이다. 대체품은 구매자에게 매력적인 상품이다. 대체품이 있다면 기업은 제품의 가격을 높게 형성하기가 어렵다. 고객들이 제품을 대체품과 비교하기 때문에 제품의 기존 판매량을 유지하기 어렵고, 기존 산업에 대한 교섭력도 떨어져 이익을 올리는 데 한계가 있다.

산업의 발전 속도가 점차 빨라지는 것을 볼 때 앞으로도 대체품의 위협에서 벗어나기란 어려울 것이다. 마이클 포터는 사업을 바꿀 수 있는 대체품의 특징으로 가격 대비 성능이 좋은 제품, 고수익을 내는 산업 제품을 들었다.

기업은 경쟁사의 대체품이 나오기 전에 빨리 기존 제품을 대체할 수 있는 제품을 출시하는 전략을 활용해야 한다. 기존 고객이 새로운 제품으로 전환할 때 비용을 높게 발생시키는 전략도 활용할 수 있다.

또한 미래에 발생할 대체품의 수요를 분석하는 노력도 필요하다. 예컨대 LNG는 기존 디젤이나 석유에 비해 가격이 저렴한 친환경 에너지로, 전문가들은 LNG가 향후 기존 석유 시장을 대체하며 수요가 폭발적으로 늘어날 것으로 보고 있다. 이렇게 기존 제품 대비 분명한 강점이 있는 제품들은 대체품으로 활용될 수 있기 때문에 기존 제품과의 영향 관계를 사전에 분석해야 한다.

판매자(공급업자)의 교섭력

공급업자는 납품하는 제품이나 서비스의 가격을 올림으로써 공급처를 위협할 수 있다.

판매자의 교섭력이 높아지려면 경쟁자가 별로 없거나, 판매되는 경쟁 제품이 없어야 한다. 또 원료를 독점적으로 공급할 수 있거나 제품의 기술에 대한 라이센스를 확보하고 있으면 판매자의 교섭력은 높아진다. 보일러 설비를 만드는 국내 한 중견 회사는 외국의 기술사용에 대한 독점적인 라이센스를 얻어서 대기업과 경쟁을 할 수 있는 배경을 만들었다.

구매자가 전환비용이 많이 들도록 유도할 수도 있다. 판매자의 교섭력이 높아지면 구매자는 다른 판매처를 확보하려고 노력하는데, 이때 다른 제품으로 전환할 때의 비용이 높으면 지속적으로 판매자의 교섭력이 높아지는 것이다.

그러나 시장에서 한쪽의 교섭력이 높은 것은 오래 가지 못한다. 판매자나 공급 업체의 교섭력이 높아지면 경쟁 업체가 반드시 나타나기 때문이다. 판매자의 교섭력은 시간의 문제이지 경쟁력의 바탕이 아니란 것을 잊지 말아야 한다.

구매자의 교섭력

소비자나 구매자가 얼마나 교섭력이 높은지를 파악하는 것이다. 교섭력이 강한 구매자는 가격 인하, 품질, 서비스 개선에 대한 요구를 증대시킬 수 있다. 또한 판매자 간의 경쟁을 유도할 수 있기 때문에 구매자의 힘이 강할수록 판매자는 취약한 부분을 노출하며 이는 수익 저하로 이어지게 된다. 이를 막기 위해 판매자는 다수의 고객들을 확보해서 거래를 넓히기 위해 노력한다.

구매자의 교섭력이 강화되는 경우는 구매자 그룹이 집중화될 때, 대량 구매를 하거나 구매에 큰 비중을 차지할 때, 구매 제품이 표준적이거나 차별화가 없고 구매 전환비용이 낮을 때, 구매자의 수익이 낮을 때이다. 구매자의 교섭력은 다양한 판매자가 구축되어 있을 때 더 높아진다. 그렇기 때문에 구매자는 일반적으로 한쪽에서만 일방적으로 구매하는 형태를 개선하려고 노력한다.

구매자의 교섭력이 높아지면 판매자는 다른 구매자를 확보하려는 노력을 게을리해서는 안 된다. 그래야만 구매자의 요구가 강해질 때 그 교섭력을 낮출 수 있기 때문이다.

마케팅 전략을 세울 때는 이렇게 산업 구조의 특성을 제대로 파악하고 그에 맞는 사업 전략을 수립하는 것이 핵심이다.

만약에 떡볶이 프랜차이즈 시장에 진입한다고 가정을 해 보자. 먼저 떡볶이 프랜차이즈 시장의 기존 경쟁 관계를 파악해 본다. 기존에 유명한 프랜차이즈들도 있을 것이고 몇몇 후발 주자들도 있을 것이다. 이들의 경쟁 관계가 얼마나 치열한지를 파악해야 한다. 그 다음으로 누구나 쉽게 진입이 가능한 사업인지를 확인해야 한다. 그리고 떡볶이 이외의 대체재로부터 얼마나 영향을 받는지를 따져 봐야 한다. 떡볶이 이외에 호떡이나 다른 분식류 등에 의해서 매출이 좌우되는지를 평가하는 것이다. 또한 구매자의 교섭력이 사업을 함에 있어서 어떠한 영향을 미치는지를 평가해야 한다. 떡볶이를 구매해 주는 대상자가 특정 고객층인지, 아니면 다양한 고객층인지를 판단해야 한다. 구매자의 영향력이 크다고 판단되면 떡볶이의 구매력을 좌우할 메뉴 개발에 신경을 써야 한다. 그리고 공급자의 교섭력이 어떠한지를 판단해야 한다. 떡볶이를 판매하는 업체가 별로 없는지, 아니면 한 집 건너 하나씩 있는지에 따라서 수익이 달라지기 때문이다. 만약에 떡볶이 업체가 별로 없다면 고객들은 조금 비싸더라도 구매할 확률이 높아진다.

　이처럼 수익에 절대적인 영향을 미치는 산업 구조 분석은 마케팅 전략에서 가장 기본이 되는 과정이다. 자신에게 맞는 장단점을 분석해서 어떤 시장에 진출해야 할지를 명확하게 분석해야만 성공 가능성은 높아진다. 산업 내에는 유사 업종을 영위하는 경쟁사들이 있지만 모든 회사들이 경쟁의 대상은 아니다. 특정 회사들의 집단이 경쟁사이며 이들이 함께 경쟁할 때 전략집단의 관계가 형성된다. 전략집단에서는 상호 유사한 사업들이 사업을 유지할 수 있는 모습을 갖추게 되는데 이러한 전략적 관계들을 이해해야만 사업의 성과를 올릴 수가 있다.

5. 캐즘의 한계를 뛰어넘어라

— 캐즘 법칙

아무리 매력적인 기능과 서비스를 갖춘 첨단 제품이라도 일반 대중들이 사용하기까지는 한계가 있다. 주로 특정 첨단 기술이 받아들여질 때 일정한 고비를 맞는 이런 현상을 캐즘(Chasm) 현상이라고 한다.

캐즘의 개념을 최초로 도입한 사람은 컨설턴트 출신인 제프리 무어였다. 그는 1990년대 초 하이테크 마케팅의 대명사가 된 《캐즘 마케팅》을 저술했다. 미국 벤처기업들의 성장 과정을 연구한 이 책에서 캐즘 마케팅 이론은 처음 탄생했다.

캐즘이라는 것은 지각 변동으로 인해 지층 사이에 틈이 생겨 단절된 것을 의미한다. 첨단 제품이나 혁신 제품은 초기 시장(Initiation Market)에서 주류 시장 개념(Mainstream Market)으로 이행하는 과정을 거친다. 초기 시장에는 혁신을 추구하는 사람들이 수용자의 주류를 이룬다. 보통 이 시기를 지나면서 기술과 제품이 놀라울 정도로 발전한다. 그러나 일반 대중들이 수용할 때 실용성과 가격적인 매력이 없으면 제품은 더 이상 성장이 멈춘다.

중요한 것은 초기 수용자들에게 훌륭하게 인식된 제품이라도 실용성을 중요시하는 고객에게 이러한 인식이 옮겨지지 못하면 무용지물이 된다는 것이다. 초기 시장에서 주류 시장으로 이동하는 이 시기에 첨단 기업들은 매출이 급격하게 감소하면서 시장성을 잃는다.

일반적으로 벤처기업이나 중소기업들이 선각 수용자에서 전기 다수 수용자로 이어질 만큼 성장하지 못하고 쓰러지는 이유는 캐즘의 현상이 있기 때문이다. 1990년 초반 미국의 벤처기업들을 좌절시킨 캐즘 현상은 이후 마케팅의 용어에서 매우 새로운 경험으로 자리잡았다.

캐즘 이론에는 혁신 수용자(Innovators), 선각 수용자(Earky Adopters), 전기 다수 수용자(Early Majority), 후기 다수 수용자(Late Majority), 지각 수용자(Laggards)의 5가지 소비자가 있다.

혁신 수용자와 선각 수용자의 경우 제품이 출시되면 기능성과 혁신성을 고려하여 제품을 구매한다. 2014년 출시된 아이폰6 대란을 보면 최신 휴대폰 구매에 얼마나 많은 사람들이 관심을 보이고 있는지를 잘 알 수 있었다. 이러한 혁신 수용자들은 실용성보다는 제품의 혁신성에 더 관심을 갖기 때문에 브랜드만 보고도 구매를 한다.

전기 다수와 후기 다수의 수용자는 실용성을 가장 중요시하기 때문에 제품을 쉽게 구매하지 않고 다른 기존 사용자의 구매 형태를 참고한다. 이러한 수용자들 중 대부분은 대중성을 갖추고 실용적인 제품에 관심이 있기 때문에 지나치게 최신의 제품이 유행하는 것에는 민감하지 않다. 사실, 기업의 입장에서는 전기 다수와 후기 다수의 두 수용자 유형이 많아지기를 희망한다. 두 유형에서 구매자의 대부분이 형성되기 때문이다.

지각 수용자는 일반적으로 제품의 구매가 기업의 마케팅 활동과 상관없이 이루어지는 고객들이다. 제품이 대중화된 후에야 구매하며 쉽게 제품을 바꾸지 않는다.

캐즘 마케팅이 왜 필요한지는 최근 더욱 분명해지고 있다. 최신 트렌드 제품들이 쏟아져 나오면서 고객의 수용성을 확보하지 못한 채 사라지는 제품들이 많아졌기 때문이다. 그와 더불어 과거보다 시장의 캐즘 현상이 많아지고 고객들 역시 단지 신제품의 기술과 혁신성에 의존하지 않는 사례가 많아졌다. 최근 스마트 시계가 대표적인 캐즘 현상을 보이는데, 이 또한 폭발적으로 수요가 증대되지 못하는 한계가 있다.

첨단 제품들은 시장성을 갖추지 못한 채 초기 시장에 출시되는 경우가 많다. 그래서 첨단 제품들은 혁신적이면서도 새로운 디자인, 기존과 차별화된 기능으로 고객에게 어필해야 한다. 가격을 낮추는 것 또한 빠른 시간 안에 고객에게 제품을 수용시키는 효과적인 가치 제안이 될 수 있다. 즉 제품이 일반 사용자 시장까지 도달하기 위해서는 기업이 지속적으로 캐즘 현상을 극복하기 위한 마케팅을 펼쳐야 한다.

캐즘 마케팅은 각 단계별 제품의 구매 이동 경로를 확실하게 구축하기 위한 노력이 필요하다. 기술수용주기 동안 지속적으로 시장을 공략하지 않고서는 고객의 수요를 늘리기가 어렵기 때문이다.

혁신 수용자들은 혁신적인 기술을 좋아하기 때문에 제품이 출시되기 이전에 이미 애호가인 경우가 많다. 제품의 효용보다 기술 자체를 더 중요하게 생각한다. 선각 수용자 또한 기술을 중요하게 생각하지만 그보다 제품의 감성적인 이미지가 구매를 좌우된다. 수용자 자신이 가지고 있는 감각에 따라 구매를 결정하기 때문이다.

전기 다수 수용자는 실용성을 매우 중요시한다. 제품을 수용할 때는 실용성이 가장 크다고 판단하기 때문에 이미 구매한 고객들의 판단에 의존한다. 후기 다수 수용자는 신제품이 많은 사람들에 의해 보편적으로 사용될 때까지 기다린다. 그리고 사후 관리까지 책임져 주는 제품을 중심으로 구매한다.

지각 수용자는 자신이 기존에 갖고 있던 취향에 따라 제품을 구매하는 특성이 있기 때문에 새로운 기술성과 편리성을 그리 좋아하지는 않는다.

캐즘 마케팅은 제품이 죽느냐 사느냐를 결정하는 핵심적인 전략이다. 아무리 뛰어난 기술을 확보했더라도 고객의 수용도를 일정하게 높이기 위해서는 효과적인 마케팅이 필수적이다.

그래서 최근 통신업체들은 캐즘 현상을 조기에 극복하기 위해서 고객들이 휴대폰을 구매할 때 선불로 중고 휴대폰 가격을 미리 할인해 주는 마케팅을 펼치기도 한다. 후기 다수 수용자의 구매까지 앞당길 수 있도록 다양한 제도를 마케팅으로 활용하고 있는 것이다.

이처럼 구매 고객층의 다양한 분석을 통해서 구매 주기를 효과적으로 앞당기는 마케팅 전략을 곳곳에서 실행하고 있다.

6. 플라이휠 법칙으로 성공한다
- 급격한 성공 법칙

사업이 정체기에 있다가 갑작스럽게 성장기에 들어서는 것을 플라이휠 법칙이라고 한다. 플라이휠 법칙은 짐 콜린스의 저서 《좋은 기업을 넘어 위대한 기업으로(Good to Great)》를 통해서 처음 소개되었다. 플라이휠, 즉 관성 바퀴를 돌리기 위해서는 초기에 힘이 많이 들지만 일단 가속이 붙은 플라이휠은 폭발적인 힘을 내며 멈추지 않고 돌아간다. 자전거 페달을 밟을 때 처음에는 힘이 들지만 시간이 지나면 점점 속도가 빨라지는 것과 같은 원리이다.

이처럼 플라이휠 법칙은 이미 축적된 노하우와 경험을 바탕으로 잠재되어 있던 사업의 성장력이 한순간 폭발하는 현상을 가리킨다. 마케터는 현재 어떤 플라이휠이 돌아가고 있는지 파악하고, 미래에 성장할 플라이휠을 미리 발 빠르게 찾아야 한다. 또한 제품의 성장 플라이휠이 더 빨리 돌아갈 수 있도록 차별화된 전략을 수립해야 한다.

현재 유행하는 제품이나 현상을 살펴보면 유행에 앞서 이미 플라이휠이 서서히 돌아가고 있을 때가 많다. 예컨대 홍수처럼 쏟아져 나오는 최신 휴대폰도 다양한 플라이휠 테스트를 거쳐 성장력을 검증한다. 그리고 고객의 반응을 이끌어낼 수 있는 적합한 시기를 사전에 조율한 뒤 시장에 출시하는 것이다.

어떤 제품도 하루아침에 폭발적으로 성장하지는 못한다. 대중이 모르는 순간에도 시장을 준비하는 수많은 플라이휠들이 돌아가고 있다. 예컨대 테스트와 제품 개발을 거듭하고, 최적의 홍보 방법을 연구하는 것이다.

많은 사람들은 기업이 생소한 신제품에 마케팅 비용을 투입하는 것을 보고 의문을 던진다. 즉, 실패할 확률이 높은 신제품에 무리하게 비용을 쓰는 것을 이해하지 못한다. 그러나 기업이 비용의 리스크를 감수하며 초기 마케팅 비용을 투입할 수 있는 것은 신제품의 성공을 위해 과거부터 오랜 시간 플라이휠을 돌려놓았기 때문이다.

시장에서 성과를 올리기 위해서는 초기 일정기간 지속적으로 돌아가는 플라이휠이 있어야 한다. 성공 가능성이 있는 아이템을 끌어모으는 것도 천천히 플라이휠을 돌리는 작업 중 하나이다. 많은 마케터들이 시장에서 잘 판매되지 못한 제품은 철수하거나 실패 제품으로 처리한다. 그리고 다시 유사한 제품을 기획하지 않으려 한다. 하지만 이렇게 시장에서 실패한 원인을 초기에 파악한 뒤 수정과 업그레이드를 거듭하다 보면 최종적으로 제품의 성공 가능성을 높일 수 있다.

이렇게 기업은 고객의 욕구에 빠르게 대응하며 플라이휠의 성장력을 만들어 나가야 한다. 솜사탕을 만들 때처럼 솜을 조금씩 붙여 나가다 보면 플라이휠의 성공은 가까이 다가온다. 시장에서는 사업이 갑자기 저절로 성공하는 일은 없다. 철저한 계획과 마케팅의 실행력만이 사업의 성공을 만드는 유일한 방법이다.

플라이휠로 경쟁사와 함께 가라

플라이휠 법칙은 기업이 경쟁 관계에서 뒤쳐지거나 신제품 출시에 실패하더라도 수익의 균형을 유지하게 한다. 즉, 성장의 기반을 마련할 뿐 아니라 실패의 리스크를 최소화한다.

시장은 하루가 다르게 급변한다. 과거 명성을 얻었지만 한순간에 사라져버린 기업들로부터 뼈저린 교훈을 얻은 일류 기업들은 경쟁에서 지더라도 시장에서 살아남기 위해 철저한 준비 단계를 거치며 플라이휠을 구축하고 있다.

삼성과 애플은 전 세계 스마트폰 시장에서 1위를 차지하기 위해 치열하게 경쟁하고 있다. 그런데 삼성은 애플의 경쟁사이지만 주요 고객사이기도 하다. 삼성은 스마트폰에 사용되는 메모리와 화면 등의 부품을 생산하는 사업도 함께 진행하고 있다. 삼성은 최근 아이폰6에 탑재하는 모바일 램(DRM)의 50%를 애플에 공급하기로 계약을 맺은 것으로 알려졌다. 향후에도 애플이나 LG 등의 스마트폰 메모리 제조사로 지속 참여할 것으로 보인다. 이렇게 삼성은 다양한 플라이휠을 구축함으로써 자사의 스마트폰 점유율이 하락하더라도 부품 사업에서 수익을 거둘 수 있다.

사업이 실패하지 않으려면 미래 수익이 밝은 시장을 개발하는 것 외에도 보이지 않는 시장을 함께 개발하려는 노력이 중요하다. 특히 경쟁사와 거래 관계를 구축하는 것은 기업의 효과적인 생존 전략이 된다. 우리는 지금까지 경쟁을 통해서 1위를 차지하는 것만이 시장을 장악하는 방법이라고 믿었다. 하지만 경쟁사를 이기고 1위를 하는 것보다 다양한 제품 영역을 성장시키는 플라이휠 전략이 더 중요하다.

경쟁사가 잘됨으로써 자사가 이익을 얻는 사업은 결코 시장에서 실패하지 않기 때문이다.

7. 플랫폼 비즈니스가 기회다
- 플랫폼 법칙

플랫폼 비즈니스(Platform Business)는 사람이 많이 모이는 네트워크를 기반으로 다양한 형태의 비즈니스를 연결시키는 것이다. 멧칼프의 법칙(Metcalfe's law)에 따르면 네트워크의 가치는 사용자 수의 제곱에 비례하는데 이러한 사용자를 기반으로 새로운 산업을 창출시키는 것을 플랫폼 비즈니스라고 한다.

하버드 대학교 커뮤니티에서 출발한 페이스북은 2014년 13억 5천만 명의 가입자를 확보했다. 페이스북의 사용자는 엄청난 광고 효과를 창출시키고 있다.

온라인 사업에서 사용자나 구매자가 많은 것은 그만큼 플랫폼 비즈니스의 기본적인 배경이 된다. 구매자가 많거나 사용자가 많다는 것은 그만큼 기술력, 인프라 등에서 보다 더 훌륭한 비즈니스의 조건을 갖추었다는 의미이다. 그래서 비즈니스 플랫폼은 많은 사용자가 창출되는 요건 속에서 만들어진다.

플랫폼 사업을 활성화하기 위해서는 플랫폼 전략을 이해해야 한다. 플랫폼은 컴퓨터 시스템을 기반으로 하는 소프트웨어라고 할 수 있다. 특정 그룹들을 플랫폼에 모아 네트워크 효과를 창출하는 것을 플랫폼 전략이라 한다.

예를 들면 자동차 동호회나 블로그, 특정 모임의 회원가입 등은 플랫폼 전략을 표현하는 것들이다. 플랫폼 전략을 통해서 사용자들 스스로 해결 방안, 아이디어 등을 도출한다. 이런 플랫폼 전략은 기업 입장에서는 고객들 스스로 문제를 찾아서 해결점을 제시하는 마케팅 효과를 발휘한다. 그리고 제안과 불편사항 등이 모아져서 회사의 점유율이 상승되는 효과가 나타나기도 한다.

플랫폼 비즈니스가 성장하기 위해서는 네트워크 사용자의 증가가 있어야 한다. 사용자가 더욱 증가하면 기존에 사용하려는 목적 이외에 더 큰 목적들이 생겨나면서 비즈니스로 발전하게 된다.

가령, 카카오톡의 경우 초기 무료 메신저라는 사업 모델로 시작했지만 사용자들이 많아지자 선물하기, 게임, 그룹 채팅, SNS 기능까지 추가되면서 사용자 수를 폭발적으로 증가시켰다.

플랫폼 비즈니스는 한번 유저들이 모이기 시작하면 폭발적인 성장을 한다. 유저의 수가 어느 정도 증가하면 플랫폼 비즈니스를 구축할 수 있는 환경을 제공하는 것이 필요하다.

최근에는 전국에 비어 있는 숙소를 할인해 주는 모바일 숙박 어플이나 경매를 통해 재고 제품을 값싸게 판매하는 경매 시장, 회의 공간을 저렴한 비용으로 빌려주는 서비스 등 다양한 비즈니스 플랫폼이 등장하고 있다.

플랫폼 비즈니스는 유저들을 초기에 최대한 많이 불러 모을 수 있는 전략이 중요하다. 그러기 위해서는 유저들을 관심 있게 지켜보고 그들이 고민하는 것들을 네트워크로 함께 해결하려는 노력이 핵심이다.

신사업을 너무 밝히지 말라 – 온고지신의 법칙

어떤 사업에 진출할지를 결정할 때 가장 많이 고려할 부분은 사업 매력도와 기존 사업과의 연관성이다. 사업의 영역을 확장시키기 위해서는 사업의 매력적인 범위를 정하는 것이 중요하다. 매력도에는 시장 규모나 성장성, 수익성, 경쟁력 등이 포함된다. 연관성에는 기존 사업과의 관계성, 역량의 활용성 등이 있다.

하지만 가장 중요한 포인트는 얼마나 치밀하고 보수적인 평가를 내리느냐는 것이다. 보통 사업의 인접도 측면에서 후한 평가를 남발하기 쉽다. 핵심 사업과의 연계성을 보고 시너지를 창출시킬 막연한 기대감에 휩싸이는 것이다.

보통 투자를 한 후 사업이 제대로 역량을 발휘하지 못하는 것은 사업 계획 이전 단계에서 정확하게 검증하지 않고 성공할 수 있다는 막연한 기대감으로 시작하기 때문이다. 매력적인 사업을 발굴하면 일반적으로 기존 핵심 사업과 연계성을 갖추고 있다는 이유로 많은 기대감을 갖게 된다. 하지만 매력적인 사업을 발굴하기도 힘들지만 연계성을 너무 관대하게 평가하면 결정된 사업이 기대에 못 미치게 된다.

8. 매트릭스의 매력에 빠져라
- 전략 매트릭스 법칙

기업의 사업 단위를 비즈니스 포트폴리오에 따라 수행하기 위해서는 전략적 매트릭스가 필요하다. 맥킨지 매트릭스는 GE 매트릭스, GE 비즈니스 스크린이라고도 한다. 기업이 나갈 방향의 전략을 구축하는 것은 힘들고 어려운 부분이다. 기업은 전략을 구성하는 다양한 요소들 가운데 성과를 도출할 수 있는 것들을 뽑아내고, 정교하고 세부적인 관점에서 사업의 성과를 높이기 위해 노력해야 한다. 맥킨지 매트릭스는 성과를 확산시키고 사업을 적합하게 수행할 수 있는 기준을 마련해 준다.

맥킨지 매트릭스는 크게 2가지 기준을 가지고 평가한다. 첫째는 사업이 수행하기에 얼마만큼 매력적인지를 판단하는 것이다. 둘째는 자사의 역량을 평가하는 관점이다.

		높음	보통	낮음
사업 매력도	높음	선택적 투자	투자	집중 투자
	보통	투자	선택적 투자	제한적 투자 또는 수확
	낮음	시장 방어	수확	수확 또는 철수

사업의 매력도를 판단하기 위해서는 우선 시장의 규모를 파악해야 한다. 잠재된 시장의 규모 수준을 판단함으로써 신규 사업의 진출 여부를 결정할 수 있다. 시장의 규모를 파악하는 기준은 시장 성장률, 수익성, 가격, 경쟁 관계, 서비스, 차별화, 기술 우위 등이 있다.

자사의 역량 관점은 브랜드, 자산, 시장점유율, 고객 충성도, 유통 구조의 우위, 시장의 고객 선택 제품 등이다. 특히 재무적 성과가 이미 경쟁사보다 다양한 관점에서 우위에 서 있다면 목표 달성은 한결 수월해진다.

맥킨지 매트릭스가 BCG 매트릭스보다 더 정교하다는 평가를 받는 것은 성장률 외에도 시장 상황에 영향을 미치는 여러 요소를 반영하여 보다 포괄적인 의사 결정을 가능하게 하기 때문이다.

시장 진입 전략을 어떤 매트릭스로 그려 나가야 할지 분석하는 것은 마케팅 전략의 가장 기본이 된다. 내가 아무리 좋은 물건을 가지고 있더라도 시장이 없으면 누구도 관심을 두지 않을 것이고, 시장이 커지더라도 내가 역량이 없으면 역시나 먼 산을 바라보는 것과 마찬가지다.

어떠한 전략을 펼쳐 나가야 할지를 정리하는 것이 바로 매트릭스 분석이다. 매트릭스는 분석을 통해서 우리가 계획하는 사업에 진입이 가능한지를 판단할 수 있는 도구라는 점을 잊지 말자.

전략적 포트폴리오를 활용해라 - 포트폴리오 법칙

포트폴리오는 가장 진입하기 좋고 수익 창출에 도움이 되는 전략을 수립하는 최적의 위치를 선정해 준다.

기업의 입장에서는 여러 개의 사업을 모두 선택하기란 부담스럽고 실패의 위험이 높다. 그래서 특정 사업에 진입하기 위해서는 어떤 포트폴리오로 접근할지를 고려해야 한다.

100가지의 신사업 중에서 몇 가지만 성공해도 실패한 신사업들을 다 먹여 살릴 수가 있다. 그래서 전략적인 판단에 의해서 어떤 포트폴리오로 시장에 진입해야 될지를 정하는 것은 매우 중요하다.

기업의 역량에는 한계가 많다. 모든 역량을 갖추면 좋겠지만 그럴 필요는 없다. 그래서 고객에게 최적의 제품을 선보일 수 있는 위치를 파악해서 포트폴리오 전략을 구축하는 것이다. 포트폴리오 전략은 적은 비용으로 효과적인 판매 방안에 접근하는 역할을 한다.

포트폴리오는 리스크와의 연계성에 따라 움직인다. 리스크가 큰 사업 영역은 과감하게 정리하고 수익이 예상되는 사업에 집중적으로 자금을 쏟는 전략을 구상해야 한다. 리스크의 영역을 자세하게 살펴보아야만 포트폴리오를 제대로 운영할 수가 있다.

최적의 포트폴리오란 전략적인 사업 단위와 그 체계적인 관계를 기업의 강점에 최대한 적합하게 활용하는 것이다. 이때 기업의 사업 단위는 하나의 기업으로 역할을 한다. 기업의 사업 단위 안에서 얼마나 효과적으로 투자를 수행할 것인지를 정하는 것이 포트폴리오 분석의 핵심 전략이자 목표이다.

포트폴리오 전략에서는 어떤 성장 전략을 가지고 어떤 제품과 사업에 투자할 것인지를 결정한다. 또한 어떤 사업을 포기할 것인지에 대해서도 전략적으로 접근해야 한다.

구름 잡는 신사업은 하지 말라 – 신사업 실패 법칙

기업 전략은 3가지로 구분된다. 기업의 큰 방향성을 결정하는 상위 기업 전략과 이를 시장에서 효과적으로 실행하기 위한 시장 전략, 그리고 이러한 전략들이 기업 내부에서 효과적으로 운영되게 하는 각 부문별 운영 전략이 있다.

기업 전략은 기업의 확산 속도를 빠르게 만들기 위한 기업 내부의 의사 결정 전략과 기업의 성장 전략을 다룬다. 기업 전략은 기업의 사명과 비전을 달성하기 위한 목표 수립, 전략적 조직 및 역할 수립, 위기관리 역할 수립, 재무 전략의 수립으로 구분할 수 있다. 시장 전략은 대부분 마켓 확장, 신사업 구축, 사업 경쟁력 구축을 목표로 한다.

이중 신사업 전략은 새로운 비즈니스를 구축하는 것으로, 신규 사업 전략, 사업 아이템 발굴, 사업의 재정의를 통한 경쟁력 강화, 사업 다각화를 주로 수행한다.

신사업 전략 구축은 기업 전략과 사업 전략이 원활하게 수행되고 성과를 확신할 수 있을 때 비로소 수익 창출을 위한 투자 활동을 진행하는 것이다. 기업은 톱니바퀴처럼 유기적인 관계를 갖추고 사업의 역량을 발휘해야 한다.

신사업은 지금 당장 수익 창출과 연결시키기 어렵기 때문에 당장의 투자가 부담스러울 수 있다. 그러나 신사업은 회사의 전략 방향과 연계되어야 한다. 단기적인 수익을 보고 투자를 진행하기보다 전략적인 목표에 따라 중장기적인 안목으로 이루어져야 한다.

그리고 회사의 미래를 좌우하는 전략은 최고 경영자가 결정해야 한다. 신사업은 최고 경영자의 강력한 리더십과 체계적인 지원이 필요한 분야이며, 직원들끼리 뜬구름을 잡듯이 시작해서는 절대로 답이 나오지 않는다. 신사업의 성패는 최고 경영자가 얼마나 관심을 갖고 방향을 제시하는가에 달려 있다.

기업에서 사업은 개별적인 아이디어만 평가하여 추진하는 것이 아니다. 전체적인 비전을 보고 다른 전략들과 조화롭게 성장이 가능한 영역 내에서 전략적으로 운영해야 한다.

아이템 선정 : 차별적인 아이템을 발굴해라

신사업에서 아이템을 결정하는 요소는 무엇일까? 앞에서 언급한 매트릭스를 활용하여 신사업을 결정할 수 있다. 이 경우 사업 매력과 기업 역량이 중요한 판단 도구가 된다. 사업의 매력도는 사업의 성장성과 시장성을 기준으로 평가한다. 기업 역량은 자사의 보유 자원과 자금을 기준으로 평가한다.

다양한 신사업 아이템과 아이디어가 쏟아져 나오지만, 일반적으로 회사들은 아이템에 대해서 큰 고민을 하지 않는다. 특히 대기업일수록 아이템에 내부적인 관심을 갖고 성과를 올릴 만한 일치점을 찾지 못하는 경우가 많다.

일을 해결해 나가는 프로세스는 대기업이 더 정교화되어 있지만 새로운 생각과 차별적인 기회를 정교화하는 과정은 오히려 벤처기업에서 더 활발하다. 벤처기업은 수많은 아이디어를 생각하고 차별적인 기회를 찾는다. 그리고 실행을 하는 과정에서 문제점에 대해 보다 더 관심을 갖는다.

아이디어를 얻고자 한다면 현장의 생생한 영업 활동을 통해 사업을 직접 발굴하고, 자사의 역량과 결합해 우수한 아이디어로 발전시킬 수 있는 능력이 무엇보다 중요하다.

시장 조사 : 고객의 니즈를 파악해라

시장 조사의 과정을 거치는 이유는 고객의 니즈를 정확하게 파악해야 하기 때문이다. 고객의 니즈를 찾는 것은 사업을 성공적으로 이끌기 위한 지름길이 된다. 시장 조사는 고객들의 다양한 성향을 찾고 제품화하여 완전한 제품으로 성장시킬 수 있도록 도와준다. 시장 조사를 정교하게 다듬을수록 고객들의 태도를 파악하는 데 도움이 된다.

타당성조사 : 검증을 철저하게 해라

자금을 투자하는 대부분의 경영 활동에는 리스크가 존재한다.

아무리 투자하기 전에 리스크를 꼼꼼히 살펴봐도 시작하고 보면 예상치 못한 일들에 직면하게 된다. 신제품이나 신사업을 준비하는 데 있어 타당성 검토는 필수적이다. 그러나 시장에서 성공할 거란 확신이 앞서 면밀하게 검토하지 못할 때가 많다.

타당성조사는 사업을 시작하기 전 사업보고서에 성장률, 수익률, 재무적 타당성, 리스크 등을 구분하여 종합적인 분석을 하는 것이다.

타당성조사는 사업의 실패를 줄이는 타당성을 검토하는 동시에 사업을 정교하게 파악할 수 있는 기회가 된다. 미처 알지 못했던 분야에 대해서도 알게 되며, 사업 운영에 대해서도 세부적으로 파악할 수 있기 때문에 그 과정을 통해 사업의 성과를 올릴 수 있다.

타당성 검토를 할 때는 사업의 성장성을 먼저 살펴봐야 한다. 즉, 시장의 규모가 얼마나 될지, 향후 10년간 지속적으로 시장 규모가 성장할지를 판단해야 한다. 성장률은 일반적으로 자연성장률과 시장성장률로 구분된다. 자연성장률은 고객이 증가하지 않더라도 자연적으로 기존 제품의 가격을 올리면서 생기는 성장률이다. 시간이 지나면 가격도 자연스럽게 인상되기 때문에 성장률에 반영이 된다. 반면에 시장성장률은 구입하는 사람들이 증가하고 시장의 규모가 증대되면서 나타나는 성장률을 의미한다. 신사업에 진출할 때는 자연성장률과 시장성장률을 합산한 성장률을 계산해야 한다. 향후 5년간 평균 성장률이 최소한 20% 이상이어야 안정적인 수익을 확보하고 신사업 진출의 타당성이 확보된다. 그러려면 자연성장률이 5%, 시장성장률이 15% 수준은 돼야 한다.

다음으로는 재무적 타당성을 검토해야 한다. 재무적 타당성은 주로 미래에 사용될 자금을 어떻게 조달할 것인지, 투자된 자금의 회수율을 검토했을 때 진입하려는 사업이 수익적으로 타당한지를 검토하는 것이다. 많은 자금을 투입하는 제조 사업의 경우, 회수까지 오랜 시간이 걸릴 수 있다. 업종에 따라 회수율은 차이가 나지만 일반적으로는 5년 내에 투자된 자금을 회수해야만 타당성 있는 사업이 된다.

투자 의사 결정에 활용되는 주된 방법으로 순현재가치법(NPV, Net Present Value)과 내부수익률법(IRR, Internal Rate of Return)이 있다. NPV는 투자 대비 미래 벌어들이는 수익이 얼마나 되는지를 현재 가치로 판단하는 방법이다. 가령 A씨는 총 2,500만 원을 투자하고 5년 뒤에 총 2,700만 원의 수익을 거둬 투자액을 회수하겠다는 계획을 세웠다. 그러나 NPV를 계산했을 때 이자율 5%를 기준으로 5년간 벌어들인 총 2,700만 원의 수익은 현재 가치 2,309만 원으로 계산되었다. 이 경우 처음에는 200만 원의 수익이 예상되었지만 5%의 이자율을 대입해서 현재 가치로 산정해 보니 오히려 손실이라는 것을 알 수 있다. 이렇게 NPV는 이자율을 계산해서 미래의 수익을 현재 가치로 산정한 뒤 투자 대비 수익을 비교하고 투자 의사 결정을 하는 방식이다.

IRR은 투자 수익률을 의미한다. 증권 투자에서 수익률이 얼마나 되는지를 알아보는 것처럼 투자한 사업에서 얼마의 이익률을 올릴지를 판단하는 데 사용된다. 보통 은행 금리보다 더 높게 나타나야 적절한 투자라고 판단한다. A씨가 2,500만 원 투자비를 통해 5년 뒤에 얻은 2,700만 원의 수익은 IRR로 계산을 해 보면 투자 수익률이 2%가 된다. 이 경우에는 은행 금리 5%보다 낮은 수준이기 때문에 투자의 타당성이 없어진다. 즉, 투자액 2,500만 원을 5%의 금리로 5년간 은행에 넣어 두는 것보다 수익률이 낮다. 투자의 타당성을 확보하려면 5년 동안 벌어들이는 수익이 최소한 5%의 수익률로 2,930만 원이 되어야 한다.

NPV와 IRR은 신사업뿐만 아니라 마케팅 의사 결정, 경영 의사 결정, 투자 우선순위 결정 등에서 다양하게 활용되기 때문에 마케터라면 반드시 알아 두어야 한다. 여러 가지 신제품을 출시하거나 판촉비를 투입하는 등 마케팅 활동을 할 때 NPV나 IRR을 활용하면 합리적인 의사 결정을 할 수 있다.

경영 모델 구축 : 구체적인 성공 모델을 만들어라

철저한 계획을 세웠다면 이제부터는 계획한 대로 실행해야 한다. 비즈니스는 전략을 수립하는 과정과 전략을 실행하는 과정으로 구분된다. 전략을 계획할 때는 반드시 실행을 전제로 해야 한다. 그렇지 않으면 실행 과정에서 오류를 범하고 뜬구름 잡는 이야기들로 끝나 버린다.

사업이 계획한 대로 실행되지 못하는 데는 다양한 원인이 있다. 이를테면 시장과 동떨어진 계획을 수립했거나 품질의 이슈가 발생했을 때, 전문적인 실행 인력이 부족했을 때, 특허 및 법률적인 이슈 문제를 해결하지 못했을 때 문제점이 발생할 수 있다.

회사 내에서 거창한 계획을 세워도 정작 실행 과정에서 이를 제대로 펼쳐 보지 못하고 끝나 버릴 때가 종종 있다. 주로 각 부서별로 커뮤니케이션이 잘 되지 못했거나 부서 간의 협력이 미흡해서 제대로 실행력을 발휘하지 못한 경우이다.

계획을 효과적으로 수행하려면 체계적인 실행 프로세스에 따라 계획을 관리해야 한다. 신제품을 출시할 때 제품의 기획부터 제작, 생산, 홍보, 마케팅까지의 모든 영역을 마케터가 다 관리하기란 매우 어렵다. 신제품 출시 프로세스를 활용하면 신제품 출시에 관련된 각 업무 영역을 구분하여 진행 상태 등을 점검할 수 있어 효과적이다.

만약 시제품을 만든다면 제작한 후에 고객들의 테스트 과정을 거쳐야 한다. 프로세스에 따라 생산 부서에서 시제품 제작 완료를 하면 마케팅 부서에서 고객 테스트 과정으로 넘어간다. 이렇게 순서대로 각 부서에서 실행하는 업무의 역할을 구분하면 어느 곳에서 일정상 지연되는지 또는 원활하게 수행되는지를 파악할 수 있다.

사업에서 단계별 프로세스를 구축하는 것은 그만큼 사업을 예측 가능한 수준으로 만들어 주며, 그 설계를 얼마나 정교하게 구축하느냐에 따라서 실패를 줄일 수 있다.

사업은 단지 비즈니스 관점에서 이익을 얻을 만한 사업을 선택하여 실행하는 것이 아니다. 사업화 과정을 통해 먼저 사업의 실행 프로세스를 차별적으로 구축해야 한다.

9. 도메인(Domain)을 재정의해라
- 도메인 법칙

신사업 전략에서는 새로운 시장 범위(Market Range)를 커버할 수 있는 도메인(영역)이 구축되어 있는지를 면밀하게 파악해야 한다. 사업의 영역이 정의되지 못하면 아무리 좋은 사업이라고 해도 진입하는 데 어려움이 있다.

그래서 사업을 성장시키기 위해서는 진입할 수 있는 도메인을 사전에 잘 정의해야 한다. 사업의 영역, 지금은 하지 않지만 미래에 확보해야 될 영역 등에 대한 정의가 사전에 이루어져야 한다.

기업 내에 사업화 조직이 별도로 구축되어 있을 수도 있지만 현장이나 하부의 조직에서 시장성이 좋은 아이템을 찾는 경우도 생긴다.

도메인을 정의하기 위해서는 우선 기존의 사업 영역을 살펴보아야 한다. 지금 추진하는 사업 영역을 크게 펼쳐 보고, 어떤 영업으로 진입할 것인지에 대해서 전체적인 지도를 그려야 한다. 지금 우리 산업의 테두리는 무엇인지를 정확하게 정의한 뒤에 성장하는 사업, 쇠퇴하는 사업, 미래 성장이 예상되는 사업 등에 대해서 자세하게 파악해야 한다. 이때 시장 전체를 보는 눈은 사업 영역을 결정하는 중요한 근거가 된다.

글로벌 식품회사가 기업의 자연친화적인 이미지를 살리기 위해서 고기류 사업에는 진입하지 않거나 대기업이 중소기업들의 업종 피해를 우려해서 소규모 아이템 등에는 진입하지 않는 경우를 볼 수 있다.

최근 태평양제약은 건강기능식품까지 도메인을 확장하였다. 태평양제약의 비전은 '인류의 건강과 아름다움에 공헌하는 신약개발 리더'로 되어 있다(홈페이지 참고). 원래 아모레퍼시픽그룹은 화장품을 통한 여성의 미를 창조하는 회사다. 화장품에서 건강까지 그룹 도메인을 확장함으로써 기업은 새로운 신규 사업의 문을 열 기회를 얻는다.

도메인을 정의하는 것은 신규 사업을 함에 있어서 목적과 방향을 정의할 수 있기 때문에 매우 중요하다. 우리가 왜 이런 사업을 하고 있으며 앞으로 어떤 사업을 해야 할지를 결정하는 것은 기업의 존재의 이유가 되기 때문이다. 도메인을 확장할 때는 신규 사업이라고 무조건 하는 것이 아니라 먼저 기업이 가고자 하는 비전과 합당한 목적에 맞아야 하는 것이다.

Chapter 3

돈 없어도 통하는 마케팅 법칙

돈 없어도 통하는 마케팅 법칙

1. 이익은 차별화에 있다
- 차별화 법칙

경쟁을 하면 이기는 기업과 패배하는 기업이 나오게 된다. 이들의 차이점은 무엇일까? 우리는 이기는 기업에는 뭔가 특별한 노하우가 있기 때문이 아닐까 생각한다. 기업이 이익을 벌어들이는 것은 지속적인 경쟁 우위가 있기 때문이다.

싸움의 법칙에서는 얼마나 오랫동안 수익 창출을 해서 상대방 기업을 무너트리느냐가 문제이다. 그러기 위해서는 비용 우위와 차별화 전략이 필요하다. 비용 우위는 남들보다 더 싸게 원재료를 사서 낮은 가격으로 판매하는 전략이다. 차별화 전략은 남들이 모방하지 않는 제품을 개발해서 경쟁사보다 더욱 높은 수익을 창출하는 전략이다.

최신 휴대폰이나 자동차에도 이러한 전략들이 숨겨져 있다. 남들이 따라오지 못하는 기술력을 보유하거나 새로운 신기술을 통해서 가격 경쟁력을 갖추는 전략이다.

그러나 시장이 어느 정도 포화되고 성숙화되면 기업들은 원가 혁신을 하게 된다. 즉, 비용 우위 전략으로 승부를 걸 수밖에 없는 한계점이 다가온다. 비용 우위 전략은 대규모로 제품을 생산할 때 효과가 나타나기 때문에 대기업에서 활용하기 적절하다.

저원가 전략으로 고객의 격을 낮추지 말라

저원가 전략은 무조건 원가 자체를 낮춰서 이익을 취하기보다는 경쟁사를 기준으로 원가 전략을 세우는 것이 핵심이다. 경쟁사보다 원가를 낮출 수 있는 방법을 찾으며 지속적인 수익 창출을 통해서 시장점유율을 끌어오는 것이다.

저원가 전략은 원재료의 구매처를 확대하거나 새로운 거래처를 발굴해서 원가를 낮추는 전략으로 활용할 수 있다.

그런데 저원가 전략이 단순하게 이익을 증가시켜 준다는 생각으로 접근해서는 안 된다. 원가를 낮추기 위해서 행해지는 모든 활동은 전체적인 품질력을 저하시킬 수 있고 원가를 낮춤으로써 오히려 시장에서는 역의 반응이 올 수도 있다는 것을 알아야 한다.

국내산 원재료로 김치를 만들어 파는 회사의 경우에는 배추 가격의 변동폭에 매우 민감하게 반응을 한다. 배추의 가격 등락폭이 심하기 때문에 국내산 원재료로 김치를 만드는 김치 회사들은 안정적인 수익을 창출하기가 어렵다. 그래서 중국산 원재료로 원가를 낮춰서 판매하는 업체들이 급속하게 증가했다. 이 때문에 대부분 식당에서 판매되는 김치는 원가를 낮춘 중국산 김치가 많은 것이다.

중국산 김치가 시장을 장악하다 보니 최근에는 김치 냉장고의 보급률이 상당히 올라가고 있는 추세다. 포장 김치의 인기가 시들해지면서 김치를 직접 담궈 먹는 주부들이 많아졌기 때문이다. 시장에서도 중국산 김치에 대한 인식이 좋지 않아서 포장김치에 대한 수요가 큰 폭으로 증가되지 못하고 있다. 결국은 김치의 원재료인 배추의 가격 등락폭 때문에 김치 냉장고의 판매율이 올라가는 현상이 나타난 것이다.

고객들은 원가가 낮다는 인식이 들면 제품의 품질적 가치가 떨어진다고 생각하기 때문에 기업들은 많은 브랜드 제품 중에서 특정 제품군을 중심으로 저원가 전략을 수립하는 경우가 많다.

원재료를 바꾸는 경우 이외에도 기업들은 규모의 경제, 운영의 통합, 원료의 다양한 수급, 물류비용 최소화, 생산 효율화 등을 통해서 저원가 전략을 실현하고 있다.

그러나 원가절감을 하기 위해 절감된 금액만 평가하다 보면 실행 과정에서 다른 측면의 손실이 발생하기도 한다. 원가절감의 우선순위를 잘못 시행할 경우에 벌어질 문제점을 꼼꼼히 점검해야 하며 직원들에 대한 고객의 불평불만 등이 중요한 이슈가 되기도 한다. 그래서 원가절감을 하려면 목표점을 분명하게 제시하고 공동의 실행력을 유지시켜야 한다. 낭비되는 부분을 마구잡이식으로 개선한다는 취지로 접근하기보다는 공통의 목표와 원가절감을 왜 해야 되는지의 공감대가 직원들과 상호 협의되어야 한다.

원가절감에만 목표를 두어서 다른 낭비적인 현상에 대해서는 소홀히 하느라 결국에는 원가절감의 의미 자체가 퇴색하는 현상을 막아야 한다.

차별화 전략을 하려면 서비스를 개선해라

차별화는 기존의 것과 완전히 다른 아주 새로운 것을 의미하지 않는다. 차별화의 목적은 기존 제품을 뛰어넘는 품질로 고가격을 책정하고 가능하면 많은 수익을 남기는 것이다. 즉, 기존 제품보다 더 뛰어나 고객이 구매를 해도 아깝지 않을 만큼의 차별적인 요소를 구성해야 한다는 의미다.

차별화 전략을 위해서는 제품의 기능적인 요소 이외에 기업의 가치 활동으로 접근하려는 노력도 필요하다. 기업의 본연적 활동인 제품 생산, 판매, 구매, 배송, 마케팅 등이 고객지향적인 차별화를 위해서 어떤 가치를 창출할 수 있을지를 고민해야 한다.

최근에 동네 빵가게들이 다시 살아나고 있다. 천편일률적인 프랜차이즈 빵보다 더 독특하고 차별화된 맛으로 승부하는 빵가게들이 생기는 것이다. 동네 빵가게들은 차별화로 승부하지 못하면 살아남기가 어렵기 때문에 독특한 마케팅 전략을 활용하고 있다.

필자는 개업한지 얼마 되지는 않았지만 평일에도 사람들로 붐빈다는 유명한 빵집을 방문해 보았다. 이 빵집은 매우 차별화된 것이 특징이었는데 우선 요일별로 빵의 메뉴를 달리했다. 요일에 맞게 새로운 빵을 개발했고 시중에 나와 있는 빵이 아닌 직접 연구한 메뉴를 선보였다. 그리고 고객이 식빵을 고르면 빵을 잘라주는 것이 특징이었다. 미리 잘라져 포장된 빵이 아니라 직접 그 자리에서 빵을 잘라 주는 것만으로도 특별한 맛이 전해지는 것 같았다. 또한 포장 디자인도 상당히 이국적인 느낌으로 인쇄를 해서 디자인에 있어서도 차별화를 시켰다. 동네 빵집이지만 프랜차이즈에서는 제공하기 어려운 차별화 전략으로 고객들을 확보하는 것이다.

기존의 영업 활동이 판매를 위한 고객 만족에 국한되어 있었다면 이제는 고객의 가치를 올리려는 다양한 노력이 동시에 수반되어야 한다. 단지 제품을 판매하는 측면의 거래 관계를 뛰어넘어 고객에게 어떤 가치를 창출시킬 수 있는지를 차별화시켜야 한다. 그리고 타사보다 더 질적으로 높은 혜택과 서비스를 제공할 방법을 찾고 집중적으로 마케팅 전략에 활용해야 한다. 기업의 가치지향적인 활동은 서비스 마케팅의 전략으로 창출되기 때문이다.

　이렇게 차별화 전략을 함으로써 기업은 기존보다 더 높은 수익을

창출시킬 수 있다.

2. 인지시키는 것이 관건이다
- 고객 인지 법칙

고객은 제품을 구매할 때 인지, 탐색, 호감, 선호, 확신, 구매의 단계를 거친다. 기업이 고객과 소통하는 가장 첫 번째 단계는 제품의 인지도를 높이는 것이다. 고객이 제품을 이미 알고 있다면 구매까지의 과정이 매우 수월할 것이다. 반면에 기존에 알지 못한 제품이라면 구매 과정이 길어진다. 고객들에게 신제품을 인지시키지 못하면 출시 초기에 확산이 잘 안 되는 어려움을 겪는다.

기업은 제품을 고객에게 인지시키기 위해 다양한 노력을 한다. 고객들에게 구매 욕구를 일으킬 때 가장 어려운 부분이 제품을 인지시키는 것이다.

특히 한국 사람들은 구매를 할 때 개인적인 주관보다도 다른 사람들의 제품에 대한 생각을 살피는 경향이 있다. 다른 사람들의 구매 경험이나 평가가 구매에 영향을 미치기 때문에 제품을 출시하고 특정 고객층을 겨냥해서 마케팅 전략을 세우는 것이 효과적이다. 그렇게 해서 먼저 구입한 고객들이 제품의 품질과 효능, 장점을 주변 사람들에게 확산시켜 점차 구매 수요를 증가시키는 것이 현명하다. 반대로 제품을 구매하는 고객층을 너무 넓게 예상하거나 불특정 다수를 대상으로 제품을 출시하면 그만큼 실패할 확률이 높아진다.

요즘은 핫팩이 추운 겨울에 추위를 녹일 수 있는 유용한 제품이 되었다. 그러나 핫팩이 처음 시장에 나올 때는 많은 사람들로부터 관심을 받지 못했다. 왜냐하면 핫팩은 옷 속에 붙이고 다니는 경우가 많아 사람들 눈에 잘 보이지 않았고 아이들이 추운 날 가지고 다니는 손 장난감 정도로 인식됐기 때문이다.

그런데 추운 겨울 밖에서 장시간 동안 근무하는 사람들 사이에서 핫팩이 목도리나 장갑보다 더 큰 보온 효과를 제공한다는 사실이 알려졌다. 아이들이 사용하던 핫팩을 어른들이 인지하기 시작했고, 추위를 해결하는 데 유용하다는 이유로 호감도가 증가되었다. 이처럼 처음에는 아이들을 대상으로 제품 인지도를 높이고, 점차 어른 중심으로 마케팅을 확대하는 전략을 사용할 수 있다.

제품을 판매하기 위해서는 최초로 제품을 인지하는 고객층을 확보하는 것이 관건이다. 그런 다음에 자신이 원하는 제품을 찾지 못한 고객들에게 다양한 제품을 선보이며 선택의 폭을 넓혀 줌으로써 잠재된 고객층을 확보해야 한다.

지금 당장 구매 고객층을 확보하지 못하더라도 향후 구매할 수도 있는 고객들을 대상으로 제품을 인지시키기 위해 노력해야 한다. 화장품 샘플을 무료로 제공하거나 시식 행사를 통해서 제품을 무료로 맛보게 하는 활동, 제품의 효능을 자세하게 설명하는 전단지 배포 활동 등은 제품을 인지시키기 위해 기업들이 자주 실행하는 마케팅 전략들이다.

이렇게 고객이 제품에 대한 정보를 습득하게 한 뒤에는 구매로 이어질 수 있게끔 기업이 효과적으로 마케팅 전략을 세워야 한다.

최근에는 견과류 제품이 상당한 인기를 얻고 있다. 견과류를 먹으면 건강에 좋을 뿐만 아니라 금연 및 다이어트에도 좋은 효과를 볼 수 있기 때문에 구매가 늘어난 것이다. 이처럼 건강에 도움이 된다는 건강 지식들이 알려지고 견과류가 불티나게 판매되자 기업들은 하루 적정량의 견과류를 낱개 포장한 제품부터 견과류 선물 세트까지 다양한 제품을 선보이고 있다. 고객들에게 건강을 제공한다는 가치 아래 영양 성분까지 고려한 견과류 제품을 출시하며 마케팅 전략에 활용하는 것이다.

3. 원가절감은 하지 말라
- 가격 부메랑 법칙

"우리 사업은 기존 제품의 원가를 획기적으로 절감시켰기 때문에 뜨겁게 시장을 장악할 일만 남았다."

이 말은 우리가 사업을 할 때 가장 많이 빠지는 오류 중 하나를 보여 준다. 기존에 생산되는 제품 대비 가격 경쟁력이 있는 제품은 시장에서 무조건 잘 팔릴 것이라고 단정을 하는 것인데 참으로 무서운 소리다.

회사가 이윤을 남기는 가장 쉬운 방법은 싼 원재료를 가공해 비싸게 파는 것이다. 남아도는 원재료로 고부가가치를 창출하는 것이야 말로 이윤을 창출하는 가장 좋은 방법이다. 진입장벽을 높이고 누구도 따라오지 못하는 독점적 기술을 소유하는 것도 좋은 방법이다. 이런 몇 가지 원칙만 있으면 수익은 저절로 따라오게 된다.

대다수 기업들은 이런 좋은 사업을 구상하기를 꿈꾸지만 현실은 그렇지가 않다. 대부분 사업화 초기에 비즈니스 모델을 구축하거나 신제품을 기획할 때 빠지는 오류가 처음부터 원가 산정을 잘못하거나 시장 가격을 제대로 반영하지 못하는 것이다.

종종 기업들은 팔고 난 직후에는 이익이라 생각하지만 시간이 지난 뒤에 살펴보니 손실이었음을 깨닫는 사태가 벌어지곤 한다. 그리고 매년 생산 현장은 원가절감을 통해서 회사 수익에 많은 기여를 했다고 생각한다. 그러나 원가절감은 그것 자체로 수익에 기여하지 못한다. 당장 이익에 반영이 되는 것처럼 보이지만 원가절감으로 인해 다른 한쪽에서는 품질에 이상이 생기는 현상이 발생한다. 또 원가절감으로 이익을 창출했다고 판단되면 기업에서는 더 많은 제품을 만들어서 판매를 한다. 하지만 회사의 제품 원가를 낮추거나 개선했다고 해서 시장에서 판매가 수월하게 이루어지는 것은 아니다. 오히려 판매 재고가 늘어남에 따라서 비용이 더 지출되는 악순환에 처할 수가 있다.

성공하는 비즈니스는 현장과 밀접하게 연관되어 현장의 가격 흐름, 제품의 판매 구조, 제품의 판매 단가와 진입자의 유형 등에 대해서 정확하게 파악하고 있다. 하지만 대부분 대기업의 경우 제품 하나를 개발하더라도 수많은 프로세스를 거치기 때문에 현장의 생생한 변화를 반영시키지 못하는 한계가 있다.

연구 개발자들은 단지 제품을 개발하는 데에만 신경을 쓰면 안 되고 시장을 밀접하게 이해하며 가격 정보, 판매 정보를 얼마나 유연하게 활용하느냐에 따라서 시장에서의 성공 가능성을 높일 수 있다. 판매 부서는 획기적인 제품 아이디어를 제공하거나 시장의 반응을 즉시 전달하는 등 연구 부서와 소통할 수 있는 채널이 마련되어야만 경쟁력 있는 원가 우위의 제품이 탄생한다.

분명한 것은 우리가 아무리 저렴한 원가를 갖춘 제품을 시장에 내놓더라도 사용하는 고객 입장에서는 원가가 내려갔기 때문에 더 낮은 가격에 구매하기를 원한다. 또한 원가가 낮아짐으로써 발생하는 불만족을 고객은 그대로 수용하지 않는다. 고객은 무조건 가격이 저렴한 제품을 구입한다는 생각, 대체 제품을 개발하면 수익을 극대화할 수 있을 것이라는 생각은 많은 사업에 한계로 작용한다.

고객에게 가치가 빠진 제품을 개발해서 판매하는 것은 오래 가지 못한다. 제품을 판매할 때는 기업의 수익을 기준으로 바라볼 것이 아니라 고객이 얼마에 살 것인가의 관점에서 그 이익을 평가해야 한다.

가격적인 관점에서 원가를 더 낮춰서 이익을 보려는 생각은 시장에서 통하지 않는다. 원가를 낮추면 단기간에 수익이 계산되겠지만 실제로 시장의 경쟁력이 저하됨에 따라 설비투자비의 회수율이 낮아진다. 이 현상을 깨닫지 못한다면 원가절감의 효과는 이익으로 반영되지 못한 채 사라지게 된다.

기업들이 생산 현장에서 수많은 원가절감을 했음에도 그렇게 모은 돈이 다 어디에 있는지 알 수가 없는 것처럼 지금 당장 원가절감을 하는 것을 수익으로 볼 것이 아니라 그로 인해 손실과 비용 누수 현상이 항상 뒤따른다는 것을 명심하기 바란다.

발끝까지 손익분기점이다 - 출고 전략 법칙

손익분기점은 일정한 기간 동안에 제품을 판매한 매출액과 제품을 판매하는 데 들어간 비용의 합산이 일치되는 점을 뜻한다. 제품을 판매하려면 고정비(임대료, 세금 및 인건비 등 고정적으로 지출되는 금액)와 변동비(매출에 따라서 변동하는 지출 비용으로서 원료 구입비, 판촉 행사비 등)가 발생하는데 이를 감안하여 판매하는 제품이 언제부터 이익으로 계산되는지를 정확하게 알아야 한다.

가령 A씨가 신제품을 만드는 데 들인 고정비와 변동비가 총 105억 원이라고 가정해 보자. 이 경우 손익분기점은 매출액이 105억 원이 되는 순간이다. 그래서 105억 원을 넘긴 후에는 매출액이 이익이 되며, 105억 원 아래로 매출을 올리면 팔았어도 아직 이익이 아니다.

그런데 여기에서 출고 전략들을 잘 활용해야 한다. 즉, 한 가지 설비를 이용해 동일한 비용으로 여러 개의 제품을 출고하는 전략이다. 동일한 비용으로 고객들에게 다양한 신제품을 선보이며 매출을 높일 수 있다.

최근 B씨는 온라인 영어 교육 콘텐츠를 개발하여 동영상 서비스를 제공하는 사업을 시작했다. 강의 콘텐츠를 개발한 비용을 계산해 보니 손익분기점에 이르려면 최소한 5백 명의 고객들이 구매해야 한다. 한 가지 콘텐츠로는 5백 명의 고객들을 유치하기가 어렵기 때문에 연령대별 맞춤형 영어 학습 프로그램을 제공하기로 했다. 그래서 기존과 동일한 비용 범위 내에서 직장인반, 어린이반, 수험생반 등으로 콘텐츠를 세분화했다. 이렇게 동일한 비용으로 구매 고객층을 세분화해서 매출을 일으킴으로써 빠른 시간 안에 손익분기점에 도달할 수 있었다.

좋은 사업 아이템이나 새로운 신제품을 기획할 때는 막연히 판매가 잘될 것이라는 가정을 많이 한다. 그러나 손익분기점을 꼼꼼히 따져 보고 계획을 세워 보면 그렇지 않은 경우가 많다. 손익분기점은 제품 개발 초기 단계에서 정확하게 산정을 해야 한다.

특히 사업 투자 초기에 얼마나 이익을 벌어들일 수 있는지에 대한 명확한 투자 개념이 있어야 한다. 마케팅 비용을 사용할 때도 투자비의 규모와 수익의 예상 상태를 판단해서 사용해야 한다. 무조건 마케팅 비용을 높여 매출을 끌어올리기보다는 얼마나 이 사업에 투자가 되었고 향후 투자비를 회수하기 위해 얼마나 많은 수익을 창출해야 될지를 미리 점검해야 한다. 그 후 적절한 손익분기 계획에 맞도록 사용해야 한다.

회사 전체가 손익계산서를 통해서 관리되어야 한다. 회사 영업 사원부터 최고 관리자까지 손익계산서로 이익을 관리해야만 전체 이익에 대한 개념이 명확해진다.

이렇게 제품 하나를 판매할 때 얼마의 이익을 남길 수 있는지 명확하게 판단하면 손실(로스)로 낭비되는 금액을 줄일 수가 있다. 그래서 대부분 기업들은 손실을 줄이기 위해 이익관리 체제에 따른 각 부서별 손익계산서를 실적으로 운영한다.

그렇게 되면 매출, 매출 원가, 매출 이익, 판매 관리비, 영업이익에 대한 관리가 체계적으로 운영된다. 제품 증정이나 시식 행사, 판촉 행사에 대한 인건비 또한 비용으로 인식해서 과도한 마케팅 활동 비용을 방어하는 역할을 한다.

매출을 얼마나 일으켰는지가 중요한 것이 아니다. 회사가 전체적으로 손익분기점을 통해서 이익을 관리할 때 직원들은 이익을 중심으로 스스로 경영자라는 마인드를 가지고 운영하고 낭비를 줄일 수가 있다.

4. 제품은 생산성보다 디자인이다

- 디자인 법칙

국내 휴대폰 제조사들은 세계에서 가장 정교한 제조 능력을 지니고 있다. 그만큼 휴대폰의 생산 능력이 뛰어나고 품질이 우수하다. 그에 비해 애플은 생산 능력보다 디자인 역량이 높은 편이다. 얼마 전 출시된 아이폰6는 한 손으로 조작할 수 있어야 최상의 휴대폰이라는 과거의 철학을 버리고 대화면을 장착하여 출시했다. 그 결과 아이폰의 위상은 더욱 올라갔고 시장에서는 디자인의 혁신이 그 제품의 경쟁력이라는 믿음이 굳어졌다. 애플 제품을 사용한 고객들이 품질 문제로 불만을 토로하는 일은 많지 않다.

많은 고객들은 제품의 품질에서 얻는 만족보다 디자인에 관심을 보인다. 제품의 품질은 갈수록 비슷해지기 때문에 디자인의 차별화에서 얻는 만족감을 더 중요하게 여기는 것이다.

기본적으로 기업은 고객이 원하는 수준의 품질을 제공함으로써 고객에게 만족감을 제공한다. 그런데 고객들이 요구하는 품질은 그 수준이 천차만별이다. 다양한 고객을 모두 만족시키도록 품질을 맞춘다는 것은 상당히 어려운 문제다.

이런 품질에 있어서의 불만족을 해결해 줄 수 있는 대안이 바로 디자인이다. 고객들은 제품의 결함이나 고장을 개선하고 시스템의 속도를 높이는 등 품질을 향상시키는 것은 그다지 어려운 문제가 아니라고 판단한다. 그래서 고객들은 항상 품질에 대해 기업이 제공하는 만큼의 가치를 느끼지는 못한다. 당연하게 제공되어야 할 문제라고 생각하며, 또한 어느 기업이나 품질은 동등한 수준으로 올라와 있다고 판단하기 때문이다.

반면 디자인에서 느끼는 만족감은 품질상의 불만족보다 우선한다. 고객들은 디자인의 변경, 외관, 스타일 등을 제품의 남다른 가치로 인식하기 때문이다. 디자인은 제품을 출시할 때 가장 민감하고 중요한 부분이다. 고객들은 디자인의 섬세한 작은 부분까지 기억하는 반면 품질의 장점은 크게 기억하지 못한다.

제품을 차별화시키고 만족감을 높이기 위해서는 그만큼 고객에게 가치를 전달해야 한다. 지금까지 기업들은 제품의 품질을 높이기 위해 노력했다. 제품의 다양한 결함을 미리 발견하고 최적으로 생산할 수 있는 설비 보완에 주력했다. 그런데 디자인은 이러한 품질 문제를 뛰어넘는 가치를 고객들에게 제공할 수 있다. 먼저 디자인을 어떻게 제공할 것인가를 정한다면 어떻게 생산할 것인지, 생산의 절차와 단계를 어떻게 축소하며, 비용을 어떻게 낮출 것인지와 같은 문제들을 자연스럽게 해결할 수 있다.

이렇게 디자인 중심으로 접근함으로써 제품의 경쟁력이 더욱 견고해진다. 디자인에 따라 비슷한 생산 시스템을 차별화시키고 생산의 효율성을 창조할 수 있으며, 기존의 제품들과 다른 가치를 제공할 수 있기 때문이다.

기업이 제품을 고객의 눈높이에 맞추는 대신 품질상의 문제를 덮어두려고 한다면 고객의 불만족이 커져 어려움에 처한다. 이를 뛰어넘는 길은 기술 경쟁력에서 디자인 경쟁력으로 품질의 전환을 빠르게 시도하는 것이다. 이러한 방법으로 고객들이 품질상의 불만족과 갈등에 머무르는 대신 매력적인 디자인에서 큰 가치를 얻게 할 수 있다.

5. 영리하게 생산해라
- OEM 법칙

마케팅을 하다 보면 OEM(Original Equipment Manufacturing), ODM(Oringinal Development Manufacturing), EMS(Electronic Manufacturing Service), CMS(Contract Manufacturing Service) 등에 대해서 많이 듣게 된다. 사실 제조업체를 운영할 때는 제품을 기획해서 생산할 때 초기 투자 비용이 많은 부분 부담이 된다. 마케팅을 판매에만 국한해서 살펴보느라 생산 프로세스와 연계성을 갖추지 못하면 아무리 판매가 잘되도 수익을 확보하기가 어렵다.

마케팅을 기획할 때는 사업 초기의 생산 리스크 제거와 수익성에 중점을 두어야 한다. 그리고 이러한 것들을 뒷받침하려면 제품의 판매 수량이 정확하게 예측되어야 한다. 사업 초기에 제품의 판매 예측이 정확하지 못하면 실패 비용이 높아져서 금방 경쟁력을 잃는다.

신제품이 얼마나 판매가 될지를 예상하는 초기부터 설비 투자를 대규모로 하는 것은 기업으로서 매우 부담스러운 일이다. 2014년 말부터 선풍적인 인기를 얻고 있는 '허니버터칩'도 마찬가지다. 품귀현상까지 보이는데도 회사 입장에서는 지금 당장 인기를 얻었다고 설비를 무리하게 확장할 수는 없는 입장이다. 처음에는 대중들의 인기를 얻어서 판매가 잘되더라도 지속적으로 판매가 잘될 것이라는 기대를 하지 못하기 때문이다.

그래서 초기에는 잘 팔려도 걱정이고 안 팔려도 걱정이다. 신제품은 많이 판매된다고 해서 이익을 가져다 주는 것이 아니다. 판매될 예측 수량을 정확하게 맞춰서 생산을 하는 것이 가장 바람직하다. 판매가 너무 안되면 생산한 제품의 재고와 생산 비용 때문에 손실이 발생하고, 판매가 너무 잘되면 공급이 부족해서 비싼 돈을 주고서라도 OEM 업체에 제품 생산을 맡겨야 하기 때문이다. 또한 물량을 추가 제공해야 하는 기회비용이 증가하기 때문에 오히려 손실이 증가된다.

대부분 기업에서는 판매 예측을 정교하게 하기 위해 자사 공장은 최소로 운영하면서 OEM을 활용한다. 그리고 초기 투자비를 절감시키기 위해 무리하게 사업을 확장시키지 않는다. 평소에 제조 능력을 갖춘 사업자에게 제품을 원하는 형태로 제조하도록 요구하는 주문자 생산방식으로 거래가 지속되어야만 전체적인 생산 비용을 절감할 수가 있다.

OEM은 제조 역량을 갖춘 생산자를 찾는 것이 핵심이며, 마케팅 전략에서는 OEM을 물량의 수급 조절에 효과적으로 활용한다. 브랜드를 갖춘 업체들은 제조 비용을 절감시키기 위해서 많은 물량을 생산하지 않으려고 한다.

사업을 확신하고 제품의 판매 수급에 문제가 없다면 제조 공장을 직접 운영하는 것이 효율적이다. 하지만 원재료의 생산이 불규칙하거나 판매율이 급격하게 변화되는 제품을 생산할 때는 OEM을 통해서 수급을 조절하는 것이 기업에 유리하다.

OEM이 브랜드를 보유한 기업으로부터 생산을 요청받아 제품을 제작하는 방식이라면 ODM은 주문 기업이 요구하는 기술을 직접 개발하여 제품을 생산하고 납품하는 방식이다. 즉, OEM은 주문자의 설계에 따라 제품을 생산하는 반면에, ODM은 기술을 자체적으로 개발하여 제품을 생산한다.

또한 많은 전자 기업들이 EMS 생산 방식을 택하고 있다. EMS는 전자 산업에서 기업이 생산 부분을 외부 업체에 위탁 생산하는 방식을 의미한다. 즉 기업으로서는 전자 분야에 대규모 투자를 하기가 매우 부담스럽기 때문에, 이를 해결하기 위해 생산 부분을 전문 기업에 위탁 생산하는 것이다. 기업들은 자기 공장에서 생산하는 대신 외부 전문 업체에 위탁 생산함으로써 비용을 절감하고 전자 제품 사업의 불확실성을 해소할 수 있다.

EMS는 전문화된 생산 영역을 담당하기 때문에 효과적으로 물량을 계획할 수 있다. EMS는 생산과 판매 법인을 분리하여 운영하거나 브랜드를 통해 수익을 창출하는 회사에 의해 활용된다.

CMS는 EMS와는 다르게 해석할 수 있다. 전문화된 생산 분야에서 전기·전자 분야를 한정하여 EMS라고 하며, 그 이외의 분야를 CMS라고 한다. CMS는 좀 더 광범위한 분야에서 생산성 향상을 위해 대량 주문을 하는 체제이다.

OEM은 주문자상표부착생산이라고도 하며, 기업은 여러 개의 OEM 업체와 동시에 공급 계약을 맺을 수 있다. 즉, 주문자 입장에서는 동일한 제품을 아시아, 유럽 등지에 각각 차별화시켜 OEM 주문으로 생산할 수 있는데, 이는 제품의 원가를 각 지역에 맞게 조절하고 품질의 리스크를 절감시키는 효과가 있다.

OEM은 특정 회사와의 거래를 통해서 원가절감과 이익관리를 실현하는 데 목적이 있다. EMS나 CMS의 경우에는 가급적 다양한 업체와 계약을 맺는 대량생산 체제로 운영된다. 이는 품질, 가격 등에서 경쟁력을 얻어 대량생산 체계에서 수익을 창출시키기 위한 목적이다.

OEM은 마케팅의 또 다른 세계다

그렇다면 OEM을 어떤 때 활용하는 것이 가장 이상적일까?

첫째, 제품이 특정 시기에 몰릴 때이다. 이때는 기존의 생산 설비에서 수요를 모두 충족시키기 어렵기 때문에 OEM 계약을 통해서 물량에 대응한다. 기업 입장에서는 특정 시기에만 판매가 증대될 경우에는 특별한 투자를 하길 원하지 않는다.

특히 냉장 식품을 주로 판매하거나 유통기한이 짧은 제품의 경우에는 OEM 운영이 필수적이다. 식품업계에서는 명절이나 특정한 날에 제품의 수요가 갑자기 몰리는 경우가 많기 때문이다.

하지만 이 경우에는 제품의 품질이 떨어질 수 있으므로 특정 시기에 OEM 거래를 하려면 사전에 준비된 계획이 있어야 된다. 또한 안정적인 제품 생산 설비를 갖춘 업체를 발굴하려는 노력이 필요하다.

둘째, 브랜드를 기반으로 제품의 카테고리를 확장하고자 하는 시기에 적합하다. 일반적으로 기업은 OEM 생산을 통해서 신제품의 반응을 살펴본 후 본격적으로 판매가 확대될 때 자사 공장으로 전환을 시킨다. 즉, 자사 공장 투자를 하기 전에 마켓의 반응을 살펴볼 때 OEM 거래를 한다.

셋째, 신제품의 확산을 빠르게 하기 위해 OEM을 활용한다. 신제품을 생산하는 설비를 도입하려면 상당한 시간이 걸리기 때문에 기존에 구축된 OEM 설비를 통해서 시장에 빠르게 진입하는 것이다.

시장에서는 제조와 판매를 혼자만 독점할 수 없다. 기술의 진화가 과거보다 훨씬 빠르게 진행되고 자고 일어나면 새로운 제품들이 쏟아져 나오기 때문이다. 과거에는 제조업체가 생산부터 유통, 판매, 고객 관리까지 모든 과정을 운영했다. 하지만 이제는 각 업체가 가장 잘 하는 영역을 분담하여 상호간에 협력 관계를 구축하지 못하면 경쟁에서 뒤쳐진다. 모든 것을 독식하다 보면 고객들에게 창의적인 기업의 가치를 구현하지 못하기 때문이다.

예전에는 기업들이 OEM을 단순히 비용을 절감하기 위해 활용했지만 최근 들어서는 OEM 회사들과 동반자적인 관계를 유지하는 형태로 발전하고 있다. 사실 OEM 업체들은 주문을 받아서 생산만 전문적으로 하기 때문에 일반 고객들에게까지는 알려지지 않은 경우가 많다. 하지만 품질적인 측면에서 고객들의 높은 호응을 받는 OEM 회사들은 주문 기업들과 공동의 파트너십을 형성해 나간다.

OEM 생산구조로 빠른 마케팅 전략을 수립하는 대표적인 회사가 나이키(Nike)다. 나이키는 대부분 OEM으로 운영이 된다. 신제품에 대한 기획과 마케팅은 본사에서 진행되며 OEM 생산으로 가격 경쟁력을 구축하고 있다. 나이키 공장은 전 세계에 있는 것과 다름없는데 이러한 이유는 제품의 원가 경쟁력을 갖추고 현지화를 통해 제품의 수요를 확대하기 위한 것이다.

화장품 시장에서 한국콜마는 대표적인 OEM 생산 회사다. 한국콜마는 OEM에서는 보기 드문 기술력을 바탕으로 성장해 왔으며 대부분 화장품업계가 B2C(Business to Consumer)로 진출하는 것과는 달리 OEM으로 성공한 대표적인 기업이다. 한국콜마는 치열한 판촉비 경쟁이 벌어지는 화장품 B2C 시장에 진출하기보다

OEM 시장에서 특화된 기술력을 갖추는 데 주력함으로써 더 성공한 사례이다.

미국 기업 애플은 스마트폰의 부품을 중국의 폭스콘 공장을 통해 OEM 방식으로 생산한다. 폭스콘은 애플의 위탁을 받아 아이폰, 아이패드와 같은 제품을 독점적으로 생산하며 전자제품업계에서 대표적인 주문자상표부착업체로 자리잡았다. 주문자상표부착 생산방식의 장점은 특화된 영역에 역량을 집중해서 생산을 하기 때문에 효율적이라는 것이다.

이처럼 OEM은 기업들이 초기 투자 리스크를 줄이고 마케팅의 역량을 극대화하기 위해 활용되고 있다.

6. 마케팅은 살림하기 나름이다
- 살림살이 법칙

흔히 마케팅 전략이라고 하면 4P를 기본으로 하며, SWOT(내부 강점Strength, 내부 약점Weakness, 외부로부터의 기회Opportunity, 외부로부터의 위협Threat), STP(시장 세분화Segmentation, 표적 설정Targeting, 포지셔닝 Positioning), 4P의 순서대로 진행을 한다.

보통 마케팅에서는 초기 SWOT 분석을 통하여 기회를 발굴하고 STP를 통해서 시장 진입을 구체화한다. 그리고 4P를 활용한 마케팅믹스로 시장 진입 전략을 도출한다.

그러나 사업화할 판매 제품을 이미 정했다면 4P 또한 상품을 비롯해 다른 요소들이 어느 정도 정해져 있을 때가 많다. SWOT 전략을 활용해 세분화할 수 있는 시장으로 접근한 후 세부적인 고객을 타기팅(Targeting) 할 수 있는 방법을 정의하는 것이 중요하다.

기존 고객을 상대로 제품을 판매할 때는 이미 4P 전략을 활용하고 있고 STP 전략도 어느 정도 도출되어 있음을 의미한다. 이럴 경우에는 기존 고객을 상대로 STP 전략을 세워 타깃 고객층을 더욱 세분화한다. 그런 후에 SWOT를 통해서 4P를 정의하는 방법이 필요하다.

즉, 기본적인 사업에 있어서는 SWOT − STP − 4P의 순서로 마케팅 전략을 세운다. 판매할 제품이 정의되었다면 4P − SWOT − STP의 순서로 전략을 짠다. 이미 고객층에게 STP전략이 활용되었다면 STP− SWOT − 4P의 순서로 마케팅 전략을 구축할 수 있을 것이다.

마케팅의 방법과 사업의 내용에 따라서 전략을 활용하는 방법도 달라져야 한다. 전사적인 관점에서 마케팅 전략에 접근하는 것도 중요하지만, 실제로 그 전략을 어떻게 활용하느냐에 따라 마케팅의 효과는 달라진다.

합리적인 가격으로 승부해라 − 가격 결정 법칙

기업은 가격을 결정할 때 제품에 소요되는 원재료 가격과 향후 예상되는 매출액의 수준 등을 고려한다. 원자재 가격의 등락폭이 클 경우도 있지만 고객들은 구입하는 제품의 가격이 안정적인 수준이기를 원한다. 그래서 가격은 한번 정해지면 쉽게 올리지 못하는 제한이 있다. 특히 만족도가 품질에 제한된 제품의 경우 고객들은 가격의 변동에 심각한 영향을 받는다.

그러나 제품에 서비스를 연계시키면 고객은 가격이 높더라도 서비스의 만족감 때문에 구매를 한다. 이렇게 고가격 정책을 활용하여 경쟁력을 구축하려면 제품의 품질과 서비스를 결합시켜야 한다. 비싼 가격 정책을 고수하는 브랜드 제품들이 품질의 만족감 외에 서비스의 증대에도 노력을 하는 것은 이런 이유이다.

이렇게 가격을 효과적으로 활용하는 마케팅 전략으로 가격 차별화 전략이 있다. 상위, 중위, 하위 브랜드 제품인가에 따라서 각각 가격 전략이 달라지는 것이다.

고가격 전략은 마진을 크게 확보하고 제품의 이미지를 견고하게 만들기 위해 경쟁 관계의 제품보다 자사의 제품 가격을 높게 설정하는 전략이다. 시장에서는 가격이 고가이기 때문에 기피할 수도 있다. 하지만 가격을 지킴으로써 마케팅의 효과를 톡톡히 볼 수 있기 때문에 절대로 가격을 낮추지 말아야 한다. 시장에서 1위 제품의 이미지는 절대적으로 중요한 의미를 담고 있기 때문이다.

이와 달리 중간 가격 전략은 브랜드 인지도가 썩 높은 편은 아니어도 가격의 마진을 어느 정도 조정할 수 있는 역할을 한다. 가령 고가격 제품이 판매되지 않을 때는 중간 가격 제품의 가격을 조정하여 이익을 극대화하는 전략이 필요하다. 고객들은 기존의 고가 제품 대신 중간 가격의 제품을 구매하더라도 브랜드를 일탈하고 싶어하지 않기 때문이다.

고가격 제품의 판매를 돕기 위해서는 중간 가격 제품을 시장에 많이 판매하여 비교가 되게 하는 방법이 있다. 비슷한 수준의 중간 가격 제품을 보던 고객들은 점차 고가격 제품으로 선호도가 바뀌는 소비 트렌드를 보인다.

마케팅의 ROI를 개발해라 – 성과 측정의 법칙

지금까지는 마케팅 비용을 투입했을 때 그 성과를 측정하는 방법이 명확히 정의되지 않았다. 실제로 광고비를 투입하여 제품의 판매가 늘었다고 가정해도 어디서부터 어떤 효과로 매출액이 증대되었는지를 과학적으로 증명하기가 대단히 어렵기 때문이다.

최근 기업에서는 마케팅 비용의 효과적인 투입을 위해 마케팅 투자 수익률(ROI, Return on Investment)에 대한 관심도가 높아졌다. 그동안은 마케팅 비용의 투입과 성과를 측정할 근거가 부족했기 때문에 성과 측정에 인색했다. 하지만 더 이상 마케팅 비용을 낭비할 수 없다는 인식이 확산되며 기업은 브랜드, 매출, 제품의 향후 판매에 긍정적 영향을 미칠 수 있을 때에만 비용을 지출하기 시작했다.

얼마 전 한 백화점에서 국내 유명 의류 회사들 간에 라이벌 판촉전이 진행되었다. 행사 기간 동안 매출이 더 높은 회사가 승리하는 행사였다. 회사들은 직원들을 총동원해서 자존심을 걸고 판촉 행사를 진행했다. 방문객들에게 증정품도 많이 챙겨 주었고 고객들의 반응도 좋았다.

그러나 행사가 끝날 무렵 높은 매출을 올리며 승리한 회사조차 이러한 행사가 제품의 매출과 브랜드 인지도에 얼마나 영향을 미쳤는지는 알 수가 없었다. 행사 기간 동안 적지 않은 판촉비를 투입했지만 오히려 몇 달이 지난 후에는 매출이 점차 줄기 시작했다. 회사에서는 마케팅 기획을 한 담당 부장에게 책임을 묻는 지경에 이르렀으며, 이렇게 비용만 쓰고 소득이 없는 행사는 다시 하지 않기로 했다.

마케팅 비용의 투입은 당장 효과를 볼 수도 있지만 미래의 구매력까지 반드시 이어지지 못할 수도 있다. 때문에 ROI의 관점에서 효과적인 비용 회수 방법을 개발해야 한다. 최근에는 마케팅 효과를 측정하기 위해 비용을 상세하게 매출에 반영시킨다. 마케팅 투입 비용을 금액으로 환산해서 손익 계산에 직접 투입시키는 것이다.

이러한 방법은 마케팅 투입의 시작과 끝을 명확하게 매출액으로 산정할 수 있는 장점이 있다. 판촉 행사를 진행할 경우에는 투입된 인건비, 판촉비 등을 마케팅 비용으로 산정해서 매출액에서 제외한다. 증정 행사를 할 경우에는 증정품의 비용을 산정해서 해당 매출액에서 제외한다. TV 광고나 판촉물은 기여도를 평가해서 제품의 원가에 반영시킨다. 이렇게 마케팅 비용을 직접 매출에 반영시킴으로써 제품의 판매와의 연관성을 검토하는 전략이다.

7. 단타로 성과를 창출해라

- 단타 법칙

제품이 홈런을 치는 경우는 극히 드물다. 오랜 시간 동안 그 분야만 전문적으로 연구하고 고객들을 세세하게 관찰한 기업이라고 해도 신제품이 히트치기는 어렵다.

그럼에도 기업은 성공할 수 있다는 가능성을 보고 신제품 출시에 목숨을 건다. 제품 하나가 시장에 나오기까지는 엄청난 과정을 거쳐야 한다. 제품 기획 단계부터 생산 단계, 판매 단계, 고객 관리까지 모든 단계 곳곳에 기획력이 필요하다.

시장에서 성과를 창출하는 방법 중 하나로 단타로 시장을 끌고 가는 전략을 세울 수 있다. 장기적인 관점으로 승부하려면 한 가지 제품만으로는 어렵다. 여러 가지의 아이템을 시장에 선보여서 여러 번 시장에 접근해 브랜드를 창출시키는 방법이 효과적일 수 있다.

　시장에는 기존의 판매 방식, 판매 제품과 같은 진입장벽이 존재한다. 그래서 누군가가 기존 시장에 진입하면 누군가는 시장을 빼앗기고, 그 과정에서 치열한 싸움이 전개된다. 시장에 진입하는 것은 진입장벽을 얼마나 쉽고 빠르게 뚫느냐의 문제이다. 기존 거래처들이 존재하는 가운데 시장에 새롭게 진입하려면 진입비용이 많이 들고, 이것은 낮은 가격 경쟁력으로 이어진다. 그래서 출시 초기의 제품들은 가격을 높이거나 기존 제품 대비 높은 마진을 형성하는 경우가 많다.

　그런 이유로 초기 시장에서 가격 경쟁력이 떨어지는 제품들은 생활 편리품이나 저관여 제품들로 승부를 내기가 어렵다. 이미 기존의 제품 대비 물류 비용, 판매 비용, 마진 등에서 불리한 조건들이 형성되어 있기 때문에 시장에서 성과를 창출한다는 것은 쉽지 않다.

　이런 시장의 원리를 파악하고 초기에 어떤 제품으로 승부를 할 것인지 철저한 전략을 세워야 한다. 시장에서 제품이 잘 판매될 거라는 막연한 생각에 목숨을 걸지 말라.

　시장은 엄격하게 짜인 구조 속에서 움직인다. 기존의 제품이 팔리지 않는다면 신제품은 좀 더 면밀하게 연구하고 분석한 후에 출시해야 한다. 시장의 원리를 이해하고 전략을 세우지 못하면 백전백패하게 된다.

시장을 버리지 말라 - 버티기 법칙

사업을 하다 보면 얼마 못가 문을 닫는 사례가 빈번하다. 시장에서는 손해를 보면 문을 닫는다. 물론 폐업을 결정하기까지는 엄청난 고민을 하게 된다.

시장에서 물건 하나를 팔더라도 손해를 보지 말아야 한다. 치열한 중국 시장과의 경쟁에서 성공하는 비결은 절대로 손해를 보지 않고 영업하는 것이다. 그 원칙이 무너지면 흑자도산을 하게 된다.

사업을 할 때는 언제나 받을 자금과 주어야 할 자금이 동시에 있다. 기업의 마케터도 마찬가지다. 제품을 팔더라도 시장에서 판매 자금이 회수되지 못하면 줘야 할 자금도 그만큼 미뤄진다. 결과적으로 받을 자금과 줘야 할 자금이 서로 꽉 막혀 버리는 현상이 발생하고 사업은 시장의 자금 압력에 의해서 실패한다.

흔히 시장은 고객에게 좌우되기보다 거래하는 거래처나 판매처 등에 의해서 좌우된다. 수많은 벤처기업들이 좋은 기능의 제품을 출시하더라도 금방 시장에서 사라지는 이유는 사업의 성패가 고객이 아닌 중간 거래처나 유통 환경에 의해서 결정되기 때문이다.

고객에게 직접적으로 제품을 판매하는 것은 유통비용이 과다하게 들어가기 때문에 기업은 단기간에 수익을 올리기 위해 기존의 유통업체나 거래처에 의존한다. 그러나 이러한 방법은 단기적으로는 성과를 보이더라도 대금 수납이 원활하게 이루어지지 않아서 장기적으로 버티지 못하게 된다. 그래서 시장에서는 철저하게 고객과 상대해야 한다.

　성과라는 것이 생각대로 나오지 않는 이유를 명확하게 파악한 후 진입 전략을 세워야 한다. 손실을 보지 않고 오래 버티는 자가 이긴다는 시장의 원리를 깨달아야 한다. 그 후 초조한 마음을 달래고 지혜로운 마케팅 전략을 수립해야 한다.

8. 수익의 원인을 파악해라
- 원인 파악 법칙

우리는 판매가 잘 안되면 그 원인을 분석한다. 제품의 가격, 품질, 기능, 입지, 서비스 등 다양한 원인을 살펴본다. 반면에 판매가 잘될 때는 특별한 원인을 찾지 않는다. 대부분은 고객들이 원하기 때문에 판매가 잘되는 줄 안다.

하지만 판매가 잘되는 데는 특별한 이유가 존재한다. 그 미세한 이유를 찾지 못하면 지속적인 수익 창출을 보장받지 못한다.

한 장류업체는 영세한 공장을 운영하면서도 매출이 지속적으로 증가했다. 그래서 사업을 확장하기 위해 다른 지역에 기존 공장과 동일한 생산 시설을 구축했다. 그런데 새로 신설된 공장에서 출시되는 장류 제품은 판매가 되지 않았다. 그 이유가 무엇인지를 회사도 알지 못했다. 그러던 중 다음과 같은 사실을 알게 되었다. 생산 설비를 똑같이 운영했는데 공장에 따라서 장류 맛이 다른 이유는 지역마다 물의 맛이 달랐기 때문이었다. 물에 들어 있는 미세한 성분의 차이가 장 맛을 결정한 것이었다. 그래서 이 장류 업체는 물의 맛이 장류의 맛을 결정한다는 사업의 핵심 성공 요인을 알게 되었다.

사업을 하다 보면 예상치 못하게 수익이 증가되는 경우를 우리는 경험한다. 이러한 원인을 명확하게 파악하고 있어야 된다. 그래야만 단기적인 수익 창출 효과를 넘어 지속적이고 강한 수익 창출 효과를 얻는다. 어떤 고유한 특성과 기능 때문에 제품이 시장에서 잘 팔리게 되는지 파악한다면 다음번 신제품을 출시하거나 사업을 확장할 때 중요한 성공 요인으로 작용한다.

다른 기업들과 경쟁을 할 때에도 작은 부품 하나가 승패를 좌우한다. 작은 부품이라도 경쟁사보다 월등하게 높은 수준의 경제적 파급효과를 창출할 수 있다면 원가에서 상대적 우위를 얻게 된다. 그래서 많은 제조업체들이 핵심 부품을 외국에서 수입하는 대신 자체적으로 생산하기 위해 노력하고 있다.

성숙기 시장에도 답이 있다 – 제품 생존의 법칙

기존의 제품 시장은 이미 포화 상태다. 시장에서는 잠재적 진입자가 그만큼 많아졌고, 더 이상 수익이 창출되지 못하는 한계가 있다.

이런 경우에 시장에서는 프리미엄 제품에 몰두하거나 가격을 높이는 전략을 활용한다. 제품의 성숙기에 접어들었을 때는 시장의 규모는 증가하지 않기 때문에 프리미엄 제품으로 승부하는 전략이 유용하다.

기존 시장에 진입하지 못한다고 해서 완전히 차별적인 제품으로 성과를 올리고자 한다면 그것은 도박이나 마찬가지다. 고객들은 기존에 가지고 있는 제품에 익숙해져 있어 쉽게 제품을 바꾸려 하지 않는다. 더구나 이미 포화된 시장에서는 고객들이 전환 비용을 감수하면서까지 새로운 시장으로 진입하려고 하지 않는다. 새로운 시장이 형성되더라도 고객들은 기존 시장의 경쟁력이 없어질 때까지 오랜 시간 기다릴 것이다.

성숙기에 접어든 시장에서는 다른 시장으로 진입하려고 계획하기보다 기존 시장에 집중해서 경쟁사보다 더 낮은 원가 전략으로 이익을 얻는 것이 수월하다. 기존의 것을 변경하거나 모방하거나 재창조함으로써 시장에서 성공을 거둘 수도 있다. 기존의 것을 완전히 버린 채 새로운 것만 생각해서는 안 된다. 새로움은 기존의 것에서 창조되는 법이다. 완전히 새롭고 창조적인 것만 생각해서는 답을 내기가 어렵다.

따라서 기존의 것을 얼마나 응용해서 제품화할 수 있는지에 관심을 갖고 찾아야 한다. 아무리 뛰어난 기능을 갖춘 제품이라도 기존의 제품을 새롭게 응용한 것이 아니라면 살아남을 수 없다.

또 수명주기가 성숙기 시장에 머물러 있는 제품에 대해서는 경쟁자들이 시장에 진입하지 못하도록 강력한 마케팅 전략을 펼쳐야 한다.

칠성 사이다는 올해로 65년이 된 장수 음료다. 국내 단일 제품으로는 한 해 3,500억의 매출을 올리고 있으며 시장점유율이 80%를 차지하고 있다. 칠성 사이다는 강력한 유통망과 감성적인 브랜드 마케팅 전략을 활용하며 탄산음료의 한계를 뛰어넘고 있다. 2000년대 초반 건강 음료 시장이 인기를 얻으면서 탄산음료 시장도 무너질 것이라는 예언이 많았다. 칠성 사이다도 예외는 아니었기 때문에 건강 음료에 시장점유율을 빼앗길 것이라는 우려가 많았다. 하지만 칠성 사이다는 지속적으로 매출을 성장시켰는데, 그 배경에는 맑고 깨끗한 이미지를 부각시키며 캠페인 광고를 지속적으로 펼쳐온 마케팅 전략이 숨겨져 있었다. 탄산음료의 이미지를 맑고 순수한 브랜드 이미지로 각인시키면서 시장의 건강음료 트렌드를 넘어서게 되었다.

Chapter 4

고객의 마음에 그린 라이트를 켜라

1. 진실되면 고객은 저절로 찾아온다
- 진실 법칙

전략이 나오기 위해서는 마케팅의 이론을 체계적으로 알아야 한다. 그리고 경쟁 체계에서 살아남기 위해 매일 고심해야 한다. 우리에게는 경쟁자들보다 낮은 비용으로 고효율을 올려야 하는 목표가 있다. 지금 대단히 성공적이라고 하는 마케팅은 대부분 막대한 홍보 비용과 광고 비용을 치르고 있는 것들이다. 그런 높은 비용을 투입해서 성과를 올린다면 그것을 성공적인 마케팅이라고 보기는 어렵다. 마케팅 전략은 적은 비용으로 높은 효율을 올릴 수 있을 때 유효하게 활용된다.

마케팅이라는 이름으로 너무도 많은 비용이 지출되었지만 고객들을 제대로 파악하지 못해 정작 시장에서는 힘없이 사라지는 제품들이 즐비하다. 시작은 화려하지만 뒤가 초라한 것이 바로 마케팅이다.

라이프스타일은 구매 스타일이다 – 라이프스타일 법칙

그동안 마케터들은 라이프스타일이 구매에 영향을 미친다는 사실을 알면서도 제품의 개발 과정에서 이를 뚜렷하게 활용하지 못할 때가 많았다. 왜냐하면 너무도 많은 라이프스타일이 있어서 어떤 라이프스타일이 제품의 구매와 연계성을 갖는지 과학적으로 증명하기가 어려웠기 때문이다. 그래서 기존에는 고객들을 연령이나 취미, 지역, 학력 등으로 구분하여 그에 맞는 제품을 개발해 왔다. 그러나 이렇게 일반적으로 세분화하는 수준으로는 점차 다양화되고 있는 고객들의 심리 상태까지 반영시키지 못한다.

앞으로는 고객들이 무엇에 관심이 있는지를 학습하고 과거와 달리 어떤 라이프스타일을 영위하는지를 잘 파악해야 한다. 구매동기는 고객이 갖고 있는 다양한 삶의 가치관, 태도, 방식 등에 따라 달라진다. 삶의 패턴이 구매에 영향을 미치는 것이다. 라이프스타일을 깊이 있게 연구하면 고객의 구매 동기에 영향을 미칠 뿐만 아니라 고객에 맞는 신제품까지 출시할 수가 있다.

라이프스타일의 하나인 소비 성향만 보더라도 돈을 모으기를 좋아하는 사람이 있고, 돈이 들더라도 즐기는 것을 좋아하는 사람이 있을 수 있다. 살 것을 꼼꼼하게 종이에 적어 놓고 준비하는 사람들이 있는가 하면 즉흥적으로 구매를 하는 사람들도 있다. 물건을 살 때도 대형 상점, 소형 슈퍼마켓, 편의점, 재래시장 등 각자 성향에 따라서 방문하는 곳이 달라진다.

결과적으로 고객들의 삶에 변화를 주는 요인들이 무엇인지를 파악하고 그것에 맞는 제품들을 개발하는 노력이 중요한 시대가 왔다. 고객들이 무엇을 원하는지에 관심을 가지는 것이 마케팅 전략의 핵심이다.

고객은 모든 정보를 알고 스스로 찾아온다

최근에는 영업 사원으로부터 제품에 대한 설명을 듣고 구매하기보다 사전에 고객이 정보를 습득한 후 구매하는 방식으로 바뀌어 가고 있다.

예컨대 휴대폰 요금을 지불할 때 카드 포인트로 요금을 할인받는 세이브 카드가 통신 시장에서 인기를 얻고 있다. 고객들은 세이브 카드의 정보를 얻고 자발적으로 카드사에 전화를 해서 카드를 신청한다. 고객들이 이미 카드에 대한 정보를 갖고 있기 때문에 카드사들은 굳이 영업 활동을 하지 않아도 된다. 반대로 영업 사원이 아무리 좋은 다른 카드들을 설명해도 고객들은 이미 사기로 선택한 카드를 바꾸지 않을 것이다.

마찬가지로 자동차를 구매하는 대다수의 고객들은 이미 자동차의 가격, 품질, 연비, 할인 등의 정보를 자세하게 파악한 뒤 영업장을 방문한다. 굳이 설명을 하지 않더라도 고객들은 어떤 품종을 구매할 것이라는 마음을 먹고 있기 때문에 영업 사원으로서는 적극적인 영업이 필요없다.

맨투맨 영업에서 고객에게 정보를 제공하는 방식으로 바뀌면서 기업들은 불필요한 영업을 줄여 나가고 있다. 고객도 이미 사실적이며 진실된 정보를 갖고 있기 때문에 낭비적인 설명을 들으려 하지 않는다.

그동안 고객에게 직접 다가서는 마케팅을 하기 위해 기업들은 고객의 개인 정보를 얻으려고 노력했다. 특히 회원가입을 유도하는 무료 증정이나 할인 행사 등을 기획하여 정보를 수집했는데 이젠 더 이상 그럴 필요가 없어진 것이다. 고객들 또한 자신에게 불필요한 정보를 차단하는 현상이 강해졌다. 때문에 고객이 이로운 정보를 자발적으로 선택하게끔 유도하는 정보 제공 마케팅이 힘을 발휘한다.

기업에서 운영하는 블로그 또한 고객이 기업에 관한 다양하고 유익한 정보를 개인적으로 수집하여 활용하게 하는 데 목적이 있다.

한 식품 회사는 고객에게 건강에 대한 정보를 알리는 것이 중요하다고 판단하여 기업 블로그를 운영하였다. 고객들과 소통할 수 있는 음식 정보, 좋은 식습관, 요리법 등을 소개하며 고객과의 커뮤니케이션을 확대해 나가는 전략을 활용한 것이다.

고객으로서는 미처 알지 못했던 식품 정보를 얻고 식품의 유해성분이나 비만을 유도하는 식품 등을 자세하게 알 수 있는 기회가 되었다. 결과적으로 회사 제품에 대한 신뢰도가 높아져서 구매율이 몇 배가 올라가는 계기가 되었다.

이렇게 정보 마케팅이 성공하기 위해서는 기업이 정직하고 신뢰를 받아야 하며 가치를 제공하려는 마인드가 있어야 한다. 고객들이 자발적으로 제품의 정보를 찾고 구매를 한 이유 중 하나는 고객에게 이로운 일을 하고자 하는 기업의 가치가 전해졌기 때문이다. 이것이 경품을 제공하면서 회원 유치에 열을 올리는 마케팅이 아니라 하나의 제품을 팔더라도 고객들에게 유익한 정보를 제공하는 마케팅 전략을 지속적으로 펼쳐야 하는 이유이다.

정보 마케팅을 위해서는 고객이 다가올 수 있는 정보망이 있어야 한다. 채널을 확보한 뒤에는 차별화되고 가치 있는 정보를 제공하여 고객과 소통해야 한다.

정보 마케팅은 이제 사람과 사람을 연결하는 역할을 할 것이며 고객들은 더욱 적극적으로 구매 의사를 표시할 것이다. 우리는 고객에게 더 정확하고 진실된 정보를 제공할 필요가 있다.

동기와 갈등 관계를 파악해라 - 동기 갈등 법칙

우리는 제품을 구매하고 싶을 때 구매동기를 살핀다. 제품을 구매함으로써 과연 나에게 어떠한 이익이 생기고 어떤 불만의 요소가 생길지를 생각한다.

이렇게 제품을 구매할 때 고객들은 여러 가지 갈등을 경험하는데, 동기 갈등의 법칙은 인간의 갈등이 구매에 미치는 영향 관계를 정리한 것이다

첫째는 접근-접근 갈등(Approach-Approach Conflict)이다. 2가지 제품을 선택해야 되는데 모두 구매하고 싶지만 한 가지를 포기해야 할 때 경험하는 갈등이다. 햄버거와 콜라를 구매하고 싶은데 돈이 없어서 둘 중에 한 가지는 포기해야 하는 상황이 그 예가 될 수 있다. 2개 모두 마음에 들어서 한 가지를 버리기가 아쉬운 것이다. 이럴 때 기업은 후불제 결제를 허용하는 등의 방법을 제시하여 고객이 2개를 모두 구매할 수 있게 한다. 즉 고객의 갈등을 해소하는 마케팅 전략을 세우는 것이다.

둘째는 접근-회피 갈등(Approach-Avoidance Conflict)이다. 좋아하는 제품이 있지만 포기해야 될 때 나타나는 갈등으로, 커피를 먹고 싶지만 카페인 때문에 먹지 않고 다른 건강 음료를 먹는 경우가 여기 해당된다. 아이스크림이 먹고 싶은데 살이 찔까 봐 먹지 못하는 경우가 있을 수도 있다. 고객은 구매를 하고 싶지만 다른 이유가 있어서 구매를 못할 때 경험하는 갈등이다. 이럴 때는 카페인을 낮춘 커피를 개발하거나 저지방 아이스크림을 개발해서 고객들의 갈등을 해소하는 마케팅 전략을 구사하는 것이 필요하다.

셋째는 회피-회피 갈등(Avoidance-Avoidance Conflict)이다. 이

경우 부정적인 2가지 제품 중에 한 가지를 선택해야 할 때 갈등이 유발된다. 즉, 나는 사이다와 콜라를 둘 다 싫어하는데 한 가지를 선택해야 할 때 둘 다 선택하지 않고 다른 제품을 선택하게 된다.

이렇게 고객들이 갈등하는 이유를 자세히 살펴보며 선택의 폭을 넓혀 고객이 원하는 제품으로 구매가 이루어지도록 할 수 있다.

그러기 위해서는 제품을 좋아하는 고객, 싫어하는 고객, 다른 제품을 원하는 고객으로 분류하여 다양한 요구 조건에 맞는 제품들을 출시하는 것이 바람직하다.

2. 1인 기업가로 사업하지 말아라
- 사업 마인드 법칙

사업을 잘하는 사람들은 어떤 사람들일까? 머리가 똑똑한 사람들인가? 아니면 부지런하고 성실한 사람들인가? 이 질문에 뚜렷한 대답을 하기는 너무도 어려울 것이다. 다양한 기준들이 있겠지만 사업가는 우선 마케터로서의 역량이 지나쳐서는 안 된다. 아이러니하겠지만 사업가에게는 시장에서의 균형 감각과 통제력이 있어야 한다. 지금까지 많은 이론서들은 사업가가 마케터적인 사고를 할 줄 알아야 한다고 가르쳤다.

하지만 사업가와 마케터가 각자 다른 역할을 수행할 때 성공적인 사업이 이루어진다. 마케터가 기획한 것을 사업가는 견제하고 통제를 할 수 있어야 한다. 사업가는 회사를 책임지는 총책임자라는 것을 잊어서는 안 된다. 자칫 잘못된 의사 결정을 할 경우에 사업은 한순간에 무너질 수도 있다. 반대로 마케터는 사업가적으로 생각하기보다 시장을 냉철하게 살핀 후 다양한 전략을 제안해야 한다.

창업가들이 대부분 사업 초기에 실패하는 이유 중 하나는 자신이 오너인 동시에 마케터이기 때문이다. 자칫 균형 감각과 통제의 기능을 상실해 잘못된 전략의 함정에 빠지게 된다.

작은 규모로 사업을 시작하더라도 오너가 직접 마케팅을 해서는 안 된다. 보통 오너들이 자신의 사업 감각과 느낌으로 회사를 운영하려고 하는데 이는 잘못된 판단이다. 세상의 어떠한 사업도 혼자서 결정해서는 안 된다. 사업의 의사 결정은 오너가 해야 하지만 마케팅은 전문가에게 맡겨야 한다.

과거 1인 기업가가 유행처럼 번진 적이 있었다. 1인 기업가라는 것은 자신의 브랜드를 가지고 투자가 없는 사업을 하기에는 적합하지만 투자를 수반할 경우에는 적합하지 않다.

오너가 제품 기획, 판매, 생산, 마케팅 등 모든 것을 다 할 수 있다고 생각해서는 안 된다. 투자가 수반되는 사업을 할 때는 마케터 혼자서 모든 것을 관리해도 안 되고 오너가 혼자서 사업을 전개해서도 안 된다. 마케터가 상대해야 될 1차 고객은 내부의 오너이며, 오너의 1차 고객은 마케터가 되어야 한다.

혼자서 팔지 말고 같이 팔아라

사업을 처음 시작하는 사람들은 대부분 혼자서 하길 원한다. 그래야만 간섭하는 사람도 없이 맘대로 운영할 수 있고, 성공했을 때 더 많은 수익을 얻을 수 있기 때문이다. 하지만 최근 놀라울 정도로 성공한 기업들 대부분은 혼자가 아닌 여러 명의 창업자들이 함께 기업을 이끌어 왔다.

전략은 혼자서 창출하지 못한다. 여러 명의 생각과 아이디어가 있어야만 가능하다. 성공을 원한다면 마케팅 전략을 어떻게 펼쳐 나갈지를 여러 사람들과 함께 고민해야 한다. 그리고 지나친 욕심과 과욕을 부리며 성공을 한 뒤에 독식을 하겠다는 생각을 버려야 한다.

전략을 짜려면 함께 나가려는 마인드가 없으면 안된다. 보이는 이익만을 생각한다면 쉽게 평정심을 잃어서 도박이 된다. 기업의 가치는 결과적으로 여러 사람들이 함께 만들어 나가면서 커지는 것이고 탄탄한 전략들이 뒷받침되어야만 확장할 수 있다.

마케팅 전략의 목적은 기업의 가치를 올려서 수익과 연계시키는 것이다. 마케팅 전략은 높은 비전을 가지고 함께 기업을 키우려는 사람들이 활용할 때 성과를 보장받는다.

개인의 욕심을 공동의 목표로 전환하고 마케팅 전략을 시장에 맞게 활용해 나가는 것은 또 다른 수익 창출의 기반이 된다. 마케팅 전략의 활용은 회사의 수익과 가치를 동시에 증대시켜 줄 수 있는 유일한 방법이기 때문이다.

사업은 혁신 활동이 아니라 가치 활동이다

사업을 하는 사람들은 다양한 현상을 관찰하는 능력과 그 현상 속에서 기업이 가야 할 방향을 예측하는 눈이 있어야 한다.

조직에서는 사업을 잘 하는 사람들을 육성하고 다양한 경험을 제시해야 한다. 한쪽 업무만 해봐서도 안 되며 다양한 업무 영역과 폭넓은 인간관계를 바탕으로 정보를 수집할 수 있는 역량을 키워야 한다. 엄격히 말해 조직 내에서 사업을 관리하는 것과 오너의 입장에서 사업을 실행하는 것은 다른 것이다.

조직에서 제대로 된 인재가 사업화에 참여해야 한다. 업무 추진 실적이 좋은 사람을 엉뚱하게 사업화에 참여시키기도 하는데 사업을 잘하기 위해서는 업무 실적을 평가하지 말고 폭넓은 관찰력과 시장을 읽어 나가는 능력을 높이 평가해야 한다.

그러나 사업화에서 가장 중요한 것은 아이디어를 찾는 것이다. 우리는 아이디어를 도출할 때 3가지 원칙을 기억해야 한다.

첫째, 신사업은 혁신과 다르다.

둘째, 사업의 영역을 완전히 이해해라.

셋째, 산업 트렌드를 철저하게 분석해라.

위 3가지는 신사업 아이디어에서 가장 기본이 되며 본질적으로 신사업의 아이디어를 검토할 수 있는 자격이 된다. 신사업은 기본적으로 수익을 창출하는 영역이며 단편적인 한 분야에 국한된 사업을 이야기해서는 안 된다.

신사업을 기획할 때는 실행 가능한 수준으로 아이디어를 구축해야 한다. 대부분 신사업의 구체적인 실행 가능성까지 검토하기에는 시간이 부족하다고 말한다. 하지만 신사업을 단순한 아이디어 제안으로만 생각하면 잘못된 접근이다. 신사업은 비용을 절감하거나 구조를 개선하는 수준의 운영적 혁신과는 다르다.

기업에서 신사업을 추진한다는 것은 그만큼 리스크를 안고 간다는 의미이며, 기존의 사고를 뛰어넘는 새로운 사업의 영역을 찾는 것이다.

3. 눈 뜨자마자 생각나는 제품이 되라
- 거머리 법칙

우리는 아침에 일어나는 순간부터 제품을 찾는다. 양치질을 하기 위해서 칫솔과 치약을 찾고 머리를 감기 위해서 샴푸를 찾는다. 화장을 하고 옷을 입는 것까지 우리의 모든 생활을 구매한 제품과 함께한다.

사람이 하루 동안 이용하는 제품은 300개가 넘는다고 한다. 그런데 사람들은 저마다 생각하는 중요도에 따라 300여 개의 제품들에 모두 다른 가치를 부여한다. 어떤 사람들은 출장이 많아서 자동차를 중요한 제품이라고 생각할 것이고, 멋을 내고 싶은 사람들은 의류, 액세서리 등을 중요한 제품으로 생각할 수 있다. 사무실에서 일을 하는 사람들은 신문, 커피, 노트북, 책, 필기구, 잡지, 정장 등을 중요한 가치로 여길 것이다.

이처럼 사람들은 각자의 일이나 환경, 태도에 따라 좋아하고 싫어하는 제품을 구분해 낸다. 그리고 그 제품의 가치는 어떤 제품을 우선적으로 구입할지를 결정한다.

사람들이 얼마나 중요하게 생각하는지에 따라 제품의 가격이 정해지기도 한다. 휴대폰은 늘 우리 주위를 지키고 소통을 도와 주는 아이템이다. 그러나 휴대폰의 기능이 특별하게 차별화되지 못하면 그만큼 사람들은 휴대폰의 가치를 느끼지 못할 것이다. 최근 들어서 스마트폰의 열기가 시들해지는 이유는 그만큼 사람들이 누리던 가치가 줄어들기 때문이다. 사람들이 얼마나 편리하고 얼마나 소중하게 생각하는지에 따라서 제품의 가치는 한순간에 변화한다.

중요하고 필요하다고 인식되는 제품이어야 구매하는 사람들에게 가치를 인정받을 수 있다. 그런 기본적인 심리를 이해하지 않고서는 아무리 좋은 아이디어에서 출발한 제품도 쓸데없는 제품이 되기 쉽다.

흔히 마케팅 기획자들은 반드시 필요하기 때문에 사람들이 구매할 수밖에 없는 제품을 기획한다. 사람들이 구매하는 양이 일정한 패턴으로 정해져 있고 새로운 제품이 나오면 기존에 사용하던 제품을 바꾸는 경우가 대부분이기 때문이다. 그래서 근래의 마케팅은 기존 제품의 시장 영역을 지키느냐 아니면 다른 제품으로 바꾸도록 유도하느냐의 문제이다. 고객들이 구매하는 시장은 어느 정도 정해져 있기 때문에 갑작스럽게 규모가 증대되지는 못한다.

마케팅 싸움에서는 기존 영역을 얼마나 잘 방어하느냐가 더 중요하다. 한 가지 제품 영역만 믿고 있다가는 금방 적들의 공격으로 무너질 수도 있기 때문이다. 그래서 마케팅은 새로운 제품의 영역을 확장시키는 영역이지만 본질적으로는 기존 제품을 지키기 위해서 다른 영역까지 확장시키는 활동을 포함하고 있다.

그러나 제품 확장 측면의 마케팅 방식에 의존하면 비용 지출이 과다하게 발생되어 향후 기존 제품이 무너졌을 때 손실 발생이 커진다. 마케팅은 기존의 수익 창출이 되는 비용을 바탕으로 신제품을 마케팅하는 전략이 되어야 한다. 마케팅은 제품을 판매하는 매출 확장도 중요하지만 기존 제품이 언제 무너질지 모른다는 위기의식 속에서 매출의 균형을 맞추기 위한 전략이 포함되어야 한다.

단지 제품을 홍보하고 브랜드 인지도를 높이는 활동만 해서는 사람들의 구매력을 잡을 수가 없다. 사람들이 어떤 제품들을 필요로 하고 있는지를 연구하고 어떤 가치를 추구할 것인지를 분석해야 한다.

제품 개발은 인간의 행동을 이해하는 것부터 출발해야 한다. 최근 들어서 사람들은 자연과 웰빙에 대해서 많은 관심을 갖게 되었다. 건강을 중시하는 경향 때문이지만 자연으로 돌아가는 것이 그만큼 사람에게는 이롭다는 것을 깨달았기 때문이다. 그래서 유기농 제품이나 친환경 제품들이 인기를 얻고 있다. 단지 그냥 좋기 때문에 구매하는 것이 아니라 그 제품을 이용함으로써 얻는 가치를 알기 때문에 구매하는 것이다.

자고 일어났을 때 나에게 가장 필요하고 중요한 것이 무엇인가에 따라서 구매하는 제품의 가치는 달라진다. 최신 휴대폰이 가장 중요하다고 인식한다면 휴대폰의 구매에 초점을 맞출 것이고 먹는 것에 가치를 부여한다면 먹거리에 대한 관심도가 높을 것이다. 사람들은 저마다 자기의 기준에 맞는 가치가 있다. 그러한 가치와 관심도에 따라서 제품을 구매하는 패턴이 달라진다.

심리 마케팅으로 승부해라 – 심리 마케팅 법칙

마케팅은 구매자의 심리 상태에 따라서 좌우된다. 자극적인 마케팅 홍보물이나 노출의 빈도에 따라서 제품 호감도가 증가될 수도 있고, 날씨나 계절의 변화에 따라서 구매 욕구가 변화하기도 한다.

심리 마케팅을 활용하면 광고와 홍보의 효과를 극대화할 수 있다. 특히 고객이 브랜드의 인지도를 보고 구매를 할 경우에는 심리 마케팅이 긍정적인 효과가 있다. 하지만 제품의 차별화된 기능이 고객들에게는 잘 어필되지 않는다는 단점이 있다. 제품의 본질적인 기능과 실용성에 대한 인식이 낮아지기 때문에 제품에 따라서 적용 여부를 결정해야 한다.

그동안 심리 마케팅은 경쟁력 있는 시장에 진입하고자 하는 후발 주자들에게는 활용되지 못했다. 대다수 심리 마케팅은 브랜드와 제품의 구매력을 유지할 수 있는 안정장치가 많은 일류 상품에나 적용될 수 있었고 그 폭이 넓지가 않았기 때문이다.

심리 마케팅의 하나로 고객들에게 착시된 현상을 보여주는 방법이 있다. 제품의 장점보다는 단점을 이용하며 고객들에게 제품을 어필하여 구매 고객층을 증가시키는 전략이다. 가령, '치즈가 5% 더 함유된 맛있는 빵'이라는 문구보다 '비만을 고려해 치즈가 5%만 들어간 빵'이라는 문구로 광고를 한다면 고객들의 구매 욕구를 증가시키는 것은 후자일 것이다.

사람들은 이익을 얻는 것보다는 손해를 보는 것들에 관심을 갖고 의미를 부여하는 경향이 있다. 손해를 어떻게 장점으로 바꿀 수 있는지를 연구한다면 구매는 더욱 증가할 것이다. 제품의 단점을 제품의 장점으로 강화할 수 있는 전략을 세우는 것이 필요하다.

제품이 상태와 특성을 고객의 태도와 연관지어 어필한다면 광고에 의존하지 않고도 충분히 제품 판매를 늘릴 수 있다. 예컨대 제품이 더 저렴해 보이는 효과를 극대화시킬 수 있다.

가령 라면을 대형 상점에서는 1개에 1,000원, 편의점에서는 900원, 시장에서 800원이라는 가격에 판매한다면 누구나 가격이 가장 싼 시장에서 라면을 구매할 거라고 생각한다. 그러나 실상은 대형 상점에서 구매할 확률이 더욱 높다.

대형 상점에서 채소 등 다른 제품의 가격을 할인하는 것이 고객에게 영향을 미치는 것이다. 기실 라면을 사고자 한다면 라면 가격이 가장 저렴한 곳에서 구매를 해야 한다. 그러나 고객은 라면 외에 다른 제품에서 가격적인 메리트가 있는지를 무의식 중에 살펴보는 것이다. 결과적으로 전혀 채소를 살 계획이 없는 소비자라도 채소값에 영향을 받아 대형 상점의 제품들이 더 저렴하다고 인식을 한다. 이렇게 가격적인 비교 효과를 증대시키는 것 또한 심리 마케팅의 하나다.

프랜차이즈 사업은 가격의 거품을 제거하기 위해 다양한 원가절감 방안을 내놓고 있다. 음식점의 공간을 작게 만들어서 고객들이 서로 밀착되게 하는 것도 마케팅으로 활용할 수 있다. 이 경우 많은 고객들을 확보할 수 있는 동시에 누구나 즐기면서 먹는 공간, 신세대적인 느낌이 드는 공간을 마련하는 전략이다. 이렇게 프랜차이즈들은 디자인을 뛰어넘어서 서로 함께하는 느낌이 드는 공간을 제공함으로써 구매층을 더욱 확보하고 있다.

이렇게 심리적 착각을 불러일으키는 현상은 구매력 증대에 도움이 된다. 구매 고객층의 관심을 끌기 위해 짧은 시간에만 원가 세일을 하면 순식간에 고객들이 몰려든다. 이때 고객들은 무엇 때문에 사람들이 많이 몰리는지 호기심에 관찰을 하게 된다. 여기에는 구매층을 불러 모으는 효과와 더불어 브랜드에 대한 홍보 효과도 창출되는 마케팅 전략이 숨겨져 있다.

그러나 심리적 착각 현상은 고객의 심리적 상태와 서비스가 반대되는 문제를 해결해야 한다. 착각을 불러일으켜 구매 활동을 증대할 경우에 자칫 서비스가 엉망이 되어 버리기 때문에 구매층들은 장기적으로 실망을 할 수도 있다. 심리적 착각으로 인한 구매는 서비스의 질이 동시에 높을 때 성공적인 제품 브랜드 창출로 이어진다.

4. 빅데이터로 예측하지 말라
- 빅데이터 법칙

사람들의 행동에는 과학적인 패턴이 숨겨져 있다. 출근 시간이 되면 항상 지하철에서 마주치는 사람들을 생각해 보라. 시간은 사람들이 규칙적인 생활을 하게 한다. 구매의 순간에도 일정한 패턴이 존재하는데, 대부분의 사람들은 항상 비슷한 시간에 쇼핑을 한다. 그래서 구매 시간대가 언제인지를 잘 파악해서 적절하게 구매동기를 유발하는 것이 중요하다.

최근에는 인간의 구매 행동을 분석하기 위해서 다양한 데이터를 수집해서 분석하기도 한다. 이른바 빅데이터(데이터의 생성 양·주기·형식 등이 방대한 데이터)를 이용해 구매의 패턴을 읽는 것이다. 빅데이터는 구매 정보를 분석하여 신제품의 판매 수요, 제품 만족도, 구매 성향 등을 파악하는 데 도움이 된다.

그런데 대부분의 경우 이미 구매한 고객들을 상대로 분석하기 때문에 전체 고객들을 대변하지는 못한다. 데이터로 예측을 하여 고객이 원하는 신제품을 만들 수는 있지만 그것이 모든 고객이 원하는 제품일지는 판단하기가 어렵다. 신제품을 출시할 때 가장 중요한 것은 미래 고객들의 수요를 예측하는 것인데, 데이터만으로 수요를 분석하고 모든 고객의 성향을 파악하기에는 제한이 많다. 빅데이터만 믿고 신제품을 출시해서는 절대로 안 된다.

또한 빅데이터는 시장을 읽는 데는 유용하지만 시장을 창출시키는 인간의 감성과 본성을 읽기에는 한계가 있다. 구매의 기본이 되는 기본적인 인간의 행동과 심리를 이해하지 못한 상태에서는 어떠한 데이터를 활용하여도 소비자에게 영향을 미치는 시장을 창출시킬 수 없다.

고객들의 머릿속에는 그보다 다양한 구매 요인들이 숨겨져 있기 때문이다. 가령 자신이 먹고 입는 데는 돈을 아끼지만 결혼해서 아기가 태어나면 비싼 유기농 음식을 먹이는 것이 한국 부모들이다. 상황에 따라 데이터로 설명하고 이해하기 어려운 구매 패턴들이 매우 다양하다. 때문에 마케터는 고객의 사고를 이해해야 한다. 고객들이 원하는 제품을 출시하기 위해서는 고객과의 활발한 소통이 필수적이다. 충성 고객을 만들기 위해서는 제품의 기능과 서비스가 색달라야 한다.

기존의 외제 차 시장이 커져 나가고 있지만 고객 서비스는 국내 차 시장에 비해 크게 부족한 것이 현실이다. 국내 자동차 업체들은 서비스 만족도를 높이기 위해서 단순히 상품을 제공하는 데 그치지 않고 고객들을 감동시키는 영역으로까지 마케팅을 확대해 나가고 있다.

이런 서비스는 고객들이 제품을 선택할 때 상당히 큰 영향을 미친다. 고객들은 계산적으로 제품의 구매를 구상하기도 하지만 작은 서비스 한 부분에 만족하여 구매를 결정하기도 한다.

고객을 사로잡는 것은 얼마나 차별화되고 만족스러운 제품을 선보이느냐의 문제이며, 그 제품을 사용함으로써 받는 서비스가 얼마나 차별화되어 있느냐의 문제이기도 하다.

데이터에 나오지 않는 중독성을 찾아라 — 중독성 법칙

누구나 일확천금을 꿈꾼다. 장사를 하는 중소 상인들뿐만 아니라 큰 대기업을 경영하는 오너들도 사업에서 한 방을 꿈꾸는 것은 같은 마음일 것이다. 기업이 신제품을 줄기차게 내놓는 이유 중에 하나도 한 가지 신제품이 성공하면 그만큼 수익 창출 효과가 발생하기 때문이다. 뿐만 아니라 고객들에게 기업을 각인시켜 효과는 배가 된다.

그러나 신제품이 재구매될 확률은 10%도 채 되지 않는다. 90%의 신제품은 사양길을 걷다 사라진다. 재구매된 10%도 점차 구매율이 낮아지는데 3% 미만의 신제품들이 그래도 시장에서 성과를 창출한다. 3%의 신제품 중에서 1%만이 오랜 시간 동안 고객에게 판매되어 나머지 99%의 신제품 비용을 메운다.

기업들은 이런 패턴을 너무도 잘 알고 있다. 그래서 1%의 신제품을 목표로 신제품 수를 지속적으로 늘려 나가고 있다. 그러나 이러한 신제품 출시에는 비용이 뒤따르기 때문에 자금이 많은 기업일수록 성공하는 신제품을 많이 확보할 가능성이 크다.

하지만 자금력이 부족한 기업의 경우에는 실패할지 모르는 신제품 출시에 신중할 수밖에 없다. 마치 석유를 발굴하기 위해서 막대한 비용을 들여 바다에 시추선을 운영하는 것과 마찬가지다.

신제품은 출시된 직후 고객들에게 잠깐 알려졌다 사라지는 경우가 다반사다. 이는 초기 마케팅에서는 성공을 했지만 제품의 기능과 품질이 고객들에게 더 이상 효과가 없었기 때문이다. 그만큼 제품에 지속성과 중독성이 없는 것이다.

제품에 끌리려면 그만큼 매력이 있어야 한다. 매력은 품질이 높거나 가격이 저렴해서 생기는 것이 아니다. 고객들로 하여금 계속 제품이 생각나게 해야 하고, 소유하고 싶은 욕구를 유발해야 한다. 이렇게 중독성이 있어야 제품의 반복적인 구매로 이어질 수 있다.

아무리 기능적으로 뛰어난 제품이라도 중독성이 없으면 사양길에 접어드는 건 시간문제다. 그래서 마케터들은 신제품 출시 전에 어떤 중독성을 첨가해야 될지를 고민해야 한다.

5. 브랜드는 품질이 아니다
- 브랜드 창출 법칙

제품의 품질이 좋고 가격이 싸더라도 브랜드 가치가 낮으면 고객은 구매를 망설인다. 반대로 자신이 선호하는 브랜드의 제품을 구입할 때는 품질이나 가격이 크게 문제가 되지 않는다. 고객들은 제품이 아닌 브랜드의 가치를 사는 것이기 때문이다.

고객들은 왜 자신만의 브랜드에 열광하는 것일까? 브랜드가 자신의 가치를 대변해 준다는 자아일치 성향이 있기 때문이다. 제품과 자신을 한몸처럼 생각하는 것이다. 브랜드를 제공하는 기업 또한 고객을 하나의 문화적 가치로 평가한다. 최고의 명품을 만드는 프랑스 파리에서는 기업이 제품을 구매하는 고객을 하나의 문화로 대우해 주는 것을 볼 수 있다.

브랜드의 가치는 어떻게 창출될까? 오랜 역사와 전통이 있다고 저절로 브랜드로서 가치가 생기는 것은 아니다. 명품 브랜드를 만드는 것은 특정 고객층을 겨냥한 마케팅이다. 높은 가격을 유지하면서 특정 고객층을 상대로 맞춤형 마케팅, 맞춤형 판매를 하기 때문에 고객의 충성도가 높아진다.

친구 같은 브랜드로 남아라 – 브랜드 친구 법칙

브랜드라는 말은 고대 노르웨이에서 처음 시작되었다. 앵글로색슨족이 자신의 소유를 표시하기 위해 소의 가죽에 불에 달군 인두로 표시를 한 것이 지금의 브랜드로 발전하였다.

가축의 소유권을 표시하는 데서 비롯된 브랜드는 초창기에 제품의 상표에 대한 소유권을 구분하기 위해 사용되었다. 하지만 현대의 브랜드는 제품과 서비스, 상표 등 모든 경영 활동에서 발생하는 권리로 인정받는다. 브랜드에 대한 적용 범위가 상당히 넓어졌으며 마케팅의 관점에서도 광범위하게 적용되고 있다.

즉, 과거 브랜드는 제품의 제조자가 자신의 것임을 표시하는 형태로 소유 개념이 강조된 것과 달리 현대의 브랜드는 제조업자가 만들었다고 해서 반드시 그의 브랜드로 인정되지 않는다.

브랜드는 고객과의 협업을 통해 만들어지는 것이며 차별적인 브랜드가 되기 위해서는 고객의 가치가 반영되어야 한다. 브랜드는 제품이 출시되기 전부터 고객에게 소개되고, 고객의 가치를 반영해 제품의 특징, 디자인, 제품명, 로고 등이 결정되어야 한다.

고객들은 제품의 브랜드를 통해 가치를 얻고 브랜드와 정서적인 교감을 형성한다. 일반적으로 브랜드 교감도가 높아지면 충성 고객들이 많아지고 제품을 출시할 때마다 브랜드의 가치도 높이 올라간다. 충성 고객층을 얼마나 많이 확보하느냐에 따라서 브랜드의 홍보 효과는 증대될 수 있다.

최신 휴대폰이나 자동차, 전자제품 등의 브랜드가 다양한 광고를 하는 이유도 여기에 있다. 고객들에게 짧은 시간 안에 빠르게 브랜드를 인지시키고 교감도를 높이기 위한 것이다.

그러나 광고로 브랜드를 창출시키는 데는 한계가 있다. 브랜드를 만드는 것은 오랜 시간 동안 고객들이 형성하는 정서적 감정이며, 제품과 함께 한다는 의식이기 때문이다. 함께하는 친구에게 마음을 여는 것처럼 브랜드는 고객들에게 오랜 동반자 같은 감성과 느낌으로 다가서야 한다.

브랜드 관리는 더 이상 기업이 보유한 자산을 관리하는 것이 아니다. 기업은 브랜드를 통해 고객이 살아가는 삶의 일부분이 되려는 시도를 하고 있다. 고객들의 라이프스타일과 함께하는 제품을 만들고 고객들이 자사의 브랜드 제품으로 생활을 누리게 하는 것이 기업의 핵심 전략인 것이다.

고객은 제품과 소통한다 – 고객 커뮤니케이션 법칙

소비 트렌드는 제품의 혜택보다 가치를 추구하는 방향으로 빠르게 변모하고 있다. 기존에 제품이 가지고 있던 가격, 품질, 만족감 등으로는 경쟁을 지속하기가 어려워졌다. 기업들은 더 이상 높은 비용을 들여가면서 혁신적인 제품을 개발하는 데 시간을 소모하지 않는다.

혁신적인 제품은 누구나 유사하게 만들 수 있고 그런 제품의 판매 주기는 오랫동안 유지되기가 어렵다. 때문에 판매가 불확실한 혁신 제품에 초기부터 비용을 투자하지 않으려는 것이다.

제품에 우수한 기능이 있더라도 브랜드가 유지되지 못하면 시장에서는 금방 사라진다. 그만큼 브랜드의 창출은 제품의 기능적인 혜택을 뛰어넘는 가치를 지니고 있다.

명품이 일반 제품에 비해서 품질이 대단히 뛰어난 것은 아니다. 그럼에도 많은 고객들이 명품 브랜드에 열광하는 것은 제품을 넘어선 브랜드의 가치를 얻고자 하는 목적이 크기 때문이다.

세계적으로 유명한 시장조사 기관인 영국의 브랜드파이낸스에 따르면 2014년 세계 브랜드 순위에서 루이비통이 브랜드 가치 245억 달러로 1위를 차지했다. 우리나라 돈으로 따지면 브랜드 가치만 26조 수준이다. 그 다음은 에르메스, 구찌, 프라다, 롤렉스, 까르띠에, 샤넬, 버버리, 코치, 펜디가 차지했다.

루이비통은 1854년 프랑스 파리에서 여행용 가방을 판매하는 가게로 사업을 시작했다. 파리의 귀족들이 드레스를 싣고 여행을 다니는 것에 착안, 튼튼한 의류 포장 가방을 개발하며 처음 이름을 알렸다.

루이비통이 명품이 된 데에는 몇 가지 이유가 있다. 첫째는 엄격한 품질 관리이다. 제품의 품질에 이상이 없도록 다양한 품질 실험을 통해서 최고의 제품만을 출시한다. 두 번째는 제품을 많이 판매하지 않는 소규모 제품 판매 전략이다. 루이비통은 보유하는 것 자체가 현금이나 마찬가지일 정도로 희소성이 있다. 세 번째는 제품을 소유함으로써 얻는 만족스러운 품격이다. 루이비통은 고품격의 상징이며 아무 데서나 구매할 수 없다는 데 가치가 있다.

쉽게 유사 제품이나 모방 제품이 만들어지는 제품으로는 고객의 만족을 지속적으로 얻을 수가 없다. 대신 고객들은 브랜드를 통해 제품의 가치를 나누는 정서적인 혜택을 누리고자 한다. 브랜드는 고객과의 커뮤니케이션이며 고객이 원하는 감정적, 정서적, 심리적인 제품을 제공하는 것이 목표가 되었다.

기업들은 마케팅을 할 때 제품이 주는 기능적인 혜택을 넘어 브랜드를 통해 새로운 가치를 창출하기 시작하였다. 고객과 소통하는 브랜드는 지속적으로 고객을 유지하고 시장 우위를 지키는 가장 강력한 무기가 되었다.

6. 지름길을 택하지 말고 바른 길로 가라

　- 고객 가치 창출의 법칙

　시대에 따라서 기업의 경영 환경이 많은 부분 변화되었다. 과거에는 제품 중심의 마케팅이 중요했기 때문에 제품의 품질, 디자인, 가격 등 질 좋은 제품의 생산에 모든 역량이 집중되었다. 반면에 최근 기업들은 고객 가치 창출을 넘어 사회적 책임을 강조하고 있다. 이제는 윤리적인 엄격함과 사회적 책임이 동반되지 못한 기업은 그 가치가 하락할 수밖에 없다.

　특히 마케팅을 하는 사람들은 직업적 정직성을 생명으로 여겨야 한다. 마케터로 일하다 보면 편법이 상식인 것처럼 보일 때가 있다. 자신이 하는 일에 정직의 가치를 반영시키지 못하면 한순간의 유혹을 떨쳐 버리기가 어려워진다. 마케터가 하는 일은 고객과 직결된 것이 대부분이기 때문에 잘못될 경우 회사 전체의 이미지를 망가트릴 수 있다.

마케터는 빠른 길을 가기보다는 고객들을 바라보며 순리대로 가는 원칙을 세워야 한다. 마케터로 일하다 보면 남들 모르게 수익을 늘리는 방법을 알게 된다. 제품의 거래처들을 상대하다 보면 원가에 대한 개념이 잡히면서 수익 구조가 보이게 된다. 그러다 원재료를 값싼 거래처로 바꾸면 어렵게 마케팅 전쟁을 하지 않더라도 쉽게 수익을 올릴 수 있겠다는 생각을 하게 된다. 사실 기업의 수익은 원재료 싸움이라고 해도 과언이 아닐 것이다. 값싸고 질 좋은 원재료를 구매하면 치열하게 싸울 이유도 없고 출혈 경쟁을 할 이유도 없기 때문이다.

그러나 마케터는 시장에서 싸워 이기는 전략을 세워야 한다. 쉬운 길로 가려는 생각을 하면 팽팽한 시장의 싸움에서 지속적으로 밀리기 때문이다. 고객에게 어떠한 가치를 제공하느냐에 따라서 같은 제품이라도 수백 배의 가치를 창출할 수 있다. 같은 재질로 만든 가방이지만 어떤 명품 가방은 수천만 원을 줘도 구하기가 어렵다. 고객들에게는 시장에서 쌓아 온 가치로 승부하는 것이지 비용을 줄인 원재료로 승부하는 것이 아니다. 고객은 가치가 있다고 판단하면 제품의 원가보다 수백 배를 더 줘서라도 사려 한다. 이것이 바로 고객 가치 창출의 법칙이다. 그리고 그것은 브랜드를 통해 승패가 좌우된다. 똑같은 운동화라도 브랜드가 붙으면 몇 배가 비싼 제품으로 판매된다. 고객에게 가치를 제공하는 것은 수익으로 계산하기 어려울 만큼 소중한 미래 자산이 된다는 사실을 잊지 말자.

시장을 정확하게 파악해라 – 현상 파악 법칙

흔히 회사에서 고참이 되면 사무실에서 펜을 잡으려고 한다. 상사가 되면 시장 정보는 매달 발간되는 잡지 자료를 보거나 리서치 회사들의 보고서를 참고한다.

그러나 마케터는 상사와 부하의 수직적 관계를 버려야 한다. 시장에서 벌어지는 현상을 잘못 판단하면 엉뚱한 기획이 된다. 시장은 모두가 같이 살펴봐야 되고 시장의 현상을 정확하게 파악하기 위해서는 모두가 자신의 의견을 제시해야 한다.

마케팅에서 모두가 같은 의견을 제시하는 것은 잘못된 것이다. 제시되는 의견을 모아서 최적의 전략을 구축하는 것이 마케팅에서는 생명이다. 한 사람 또는 개인에 의해서 좌우되는 마케팅 기획서는 위험하다.

마케팅 기획은 전문가가 아니더라도 함께 참여해서 의견을 나누는 수준이 되어야 한다. 의견을 듣고 문제점에 대해서 심도 있는 토론을 해야만 최적의 아이디어를 도출할 수 있다.

마케팅 기획은 시장의 현상을 정확하게 분석하는 과정이 필요하지만 대부분은 그런 과정을 거치려 하지 않는다. 매출이 하락하거나 신제품이 출시되었을 때 왜 판매가 안 되는지를 이미 알고 있다고 생각하기 때문이다.

하지만 우리가 알고 있는 이유가 전부는 아니다. 겉보기에 매출이 하락하는 데에는 경기가 부진하거나, 경쟁사의 제품이 잘 판매가 되거나, 자사 제품의 품질에 문제가 있다는 등의 이유를 제시할 수 있다. 하지만 세세하게 파악해 보면 그보다도 더 세부적인 원인이 있는데 이를 모른 채 넘어가는 경우가 많다.

시장은 관찰이다. 현상을 관찰하지 않고 묵시적으로 넘겨서는 좋은 대안이 나올 수가 없다. 특히 현장을 예리하게 관찰하지 않고 회사 책상에 앉아서 보고서만 작성하는 마케터는 단기간에 자신을 그럴듯하게 포장할 수는 있지만 마케터로서 장기적인 성과를 볼 수 없을 것이다.

업무 능력이 뛰어난 현장 부서 출신, 생산 부서 출신, 기획 부서 출신이라고 기획을 잘하는 것이 아니다. 기획가는 지금 현장을 얼마나 뛰어다니느냐에 따라서 능력을 평가받을 수 있다. 현재 시장에서 얼마나 보내고 있는지에 따라서 역량이 좌우되는 것이다.

물론 시장을 중요시하는 조직 문화가 형성되어 있지 않다면 문제가 심각해진다. 현장에 나가면 시간을 허비한다고 생각하는 상사나 임원들이 있다면 하부 직원들은 절대로 현장에서 시간을 내거나 움직이려 하지 않는다.

그러나 얼마나 많은 시간을 임원들이 현장에서 보내느냐에 따라서 기업의 성과는 좌우된다. 즉, 뛰어다니는 상사들이 많으면 많을수록 그 회사의 미래는 밝은 것이다. 앉아서 기획하는 방식은 과거에 잘 팔리던 시대에나 가능한 수준이다. 안 팔리는 시대에 살고 있는 우리는 과거의 문화에 사로잡혀 몸을 움직이지 않으면 패배한다는 원리를 이해해야 한다.

7. 일에 가치를 부여해라
- 가치 부여 법칙

마케팅에서 성과를 창출하려면 자신이 하고 있는 일에 가치가 있다는 확신이 있어야 한다. 비록 쓰레기통을 만드는 회사에서 마케팅을 하더라도 내가 판매하는 쓰레기통이 사회에 많은 기여를 하기 때문에 가치가 있다는 것을 알아야 한다.

많은 자금을 투입해서 신제품을 만들었어도 스스로 가치가 없다고 느껴지면 성과를 보장받지 못한다. 물론 마케터가 하는 일 중에는 가치가 없는 일도 있을 수 있다. 중요한 것은 마케터가 가치 없는 일이라고 판단하면 고객들도 똑같이 그렇게 느끼게 된다.

마케터는 항상 자신이 하는 일에 가치를 부여해야 한다. 그렇지 못하면 오랜 시간 고객과 상대할 수가 없다. 지금 자신이 하는 일이 가치가 낮다고 판단되면 가치를 올릴 기회를 찾아야 한다.

자기 일의 가치를 올릴 수 있는 기회는 얼마든지 있다. 그러나 편하다는 이유로 해 오던 방식대로만 일을 하다 보면 가치는 낮아진다. 자신이 하던 일의 새로운 방식과 방법을 모색해 보는 것은 마케터에게 새로운 감각을 익힐 수 있는 기회가 되기도 한다.

지금 당장 편하고 아무도 방해하지 않는다고 예전 방식을 고수하면 발전하지 못한다. 마케터는 늘 고객들을 상대해야 하고 일을 자신의 주관대로 하기보다 상대의 의견과 이야기를 들어 내 것으로 만드는 능력을 갖춰야 한다. 그런 과정을 다른 사람이 자신을 평가한다거나 이래라 저래라 참견하는 것으로 받아들인다면 마케터로서 감각이 없다고 보는 것이 맞을 것이다. 이런 마케터들은 하루 빨리 다른 일을 찾아보는 것이 현명한 길이다.

마케터는 다른 사람들을 상대하면서 즐거움을 느껴야 한다. 다양한 사람들이 자신의 제품이나 생각에 어떻게 반응하는지에 대해서 늘 관심을 갖고 받아들이는 자세를 갖춰야 한다. 사업에서 성공한 대다수 사람들은 이런 성격의 소유자들이 많다.

자신보다 더 훌륭하고 능력이 출중한 사람들이 많다는 것을 인정하고 자신이 발전하기 위해 다른 사람의 의견을 받아들이려는 자세를 갖추지 못하면 돈을 벌 수 있는 능력은 제로에 가깝다는 사실을 명심해야 한다.

자신을 먼저 가꿔라 - 끌리는 마케터 법칙

주변을 돌아보면 남의 마음을 끌어당기는 능력이 탁월한 사람들이 있다. 이런 사람들도 처음부터 그런 능력을 소유하지는 않았을 것이다. 살아가면서 어떤 부분이 남들에게 매력으로 다가갈지를 연구한 결과로 보아야 한다.

매력은 늘 가꾸고 꾸며야 발전한다. 늘 자신에게 어떤 매력이 있는지 파악하고 그것이 발현되도록 열정적으로 임해야 한다.

특히 마케터는 지적이나 외모적으로 많은 부분을 가꿔야 한다. 최신 트렌드에 익숙해야 되고 남들보다 먼저 앞서 나가는 모습을 보여줘야 하기 때문이다. 마케터는 회사를 대표한다는 자신감이 있어야 한다. 자신감으로 뭉쳐있지 않으면 누구도 신뢰하지 않는다.

마케터에게 있어서 자신을 가꾸는 노력은 그만큼의 성과로 보상받는다. 제품을 구매하는 구매자 입장에서도 마케터의 말 한마디에 더 반응하게 된다. 지금부터라도 마케터로서 능력을 발휘하려면 어떤 자신감을 고객에게 보여야 될지를 연구해야 한다.

고객의 불만을 처리하는 자동차 서비스센터 정비 직원들 역시 내외적으로 가꿔야 고객들로부터 호응을 얻는다. 고객을 상대하는 대부분의 마케터들은 신뢰를 제공해야 하기 때문에 자신을 가꾸는 데 소홀이 해서는 안 된다.

보기 좋은 떡이 먹기도 좋다지 않은가? 그러니 누구든 호감을 얻도록 노력하는 사람에게 선택권이 부여된다. 그렇게 상대방에게 호감을 사기 위해서는 제품을 개발하고 연구하는 활동에만 집중하는 것도 중요하지만, 자신이 하는 일의 가치와 보여지는 외적 모습도 가꾸도록 노력해야 성공하는 마케터가 된다.

8. 예측은 생명과도 같다
- 예측 법칙

마케팅 전략에서 중요한 것은 미래에 제품이 낭비되지 않게 예측한 수량만큼 잘 판매하는 것이다. 내가 예측한 수준까지 판매가 도달하지 못해서 제품이 남아돌거나 반대로 제품이 부족해지면 정상적인 매출 발생이 어려워진다.

고객은 기업의 이익까지 생각하지는 않는다. 자신이 원하는 제품을 원하는 장소에서 구매하기를 원한다. 고객들이 구매하고 싶은 양만큼 적절한 재고를 확보하는 것은 판매자의 기본적인 책임이다. 재고의 양을 적절한 수준으로 관리하는 것은 판매자의 역량이며, 이러한 역량을 유통업계에서는 가장 중요한 판매의 기술이라고 한다.

판매되는 제품의 수요와 공급을 예측하는 것이 마케팅 전략의 핵심이다. 제품이 부족하면 부족한 만큼 빠르게 해결할 수 있는 시스템을 구축해야 한다. 고객들이 원하는 제품을 진열하지 못하면 그만큼 다른 제품들이 진열대를 차지하게 된다.

과거에는 품질 좋게 잘만 만들면 고객들을 사로잡을 수 있다고 생각했다. 그래서 자본만 있으면 경쟁 업체를 쉽게 따라잡을 수 있다고 생각했다.

그러나 제조업체들은 시스템 경영을 하지 못하면 생존력을 잃는다는 것을 알아야 한다. 고객들의 수요에 대한 예측이 어려워지면 제품의 재고 리스크가 커지기 때문이다.

제품의 재고 리스크를 줄이기 위해서는 유통업체들과 협력 관계를 잘 구축해야 한다. 물량을 제대로 예측하지 못하면 유통업체들과의 신뢰가 무너지기 때문에 철저한 마케팅 전략을 구축하여 고객들의 판매 전망을 강화해야 한다.

최근에는 예측의 오차율을 줄이기 위해서 고객들과 영업을 하는 판촉 사원이나 영업 사원들은 PDA(개인용휴대단말기)를 통해서 주문과 발주를 하고 있다. 이렇게 PDA를 사용하면 매장에 남겨진 재고를 실시간으로 파악하고 주문 물량의 흐름을 한눈에 볼 수 있으며, 자동발주시스템으로 발주가 되어 매장의 결품 현상을 제거할 수가 있다.

PDA 시스템을 통해서 제품의 예측 오차율을 줄이려면 현명하게 주문을 하는 것도 중요하지만 오차가 발생했을 때 이를 줄일 수 있는 최적의 시스템을 운영해야 한다. 기업들이 오차를 줄일 수 있는 것은 그만큼 예측을 잘해서라기보다는 오차를 줄이기 위해 활발히 노력하기 때문이다.

예컨대 오차가 나는 가맹점의 물량을 교환하거나 주문 물량을 조정하여 오차율을 감소시킬 수 있다.

오차율은 언제든지 생기게 마련이기 때문에 이를 줄이는 방법에 대해서 마케팅 관점에서 검토해야 한다. 고객에게 얼마나 많이 판매를 할 것인가보다 더 중요한 것은 얼마나 낭비하지 않고 제품을 관리하느냐인 것을 명심해야 한다.

가맹점에서 정보를 얻어라 – 정보 수집 법칙

마케터는 가맹점 직원들과 수시로 정보를 교류해야 한다. 현장에서 물건을 판매하고 수금을 하는 가맹점 직원들은 시장의 모든 정보를 가지고 있다.

사실 본사의 마케터는 가맹점 직원들을 만날 일이 거의 없다. 그러나 가맹점 직원들의 의견은 상당한 수준까지 올라와 있으며 이에 귀 기울이는 것은 고객의 구매 성향을 파악할 수 있는 가장 빠른 길이다. 그럼에도 이미 다 알고 있다는 식으로 본사의 영업 사원 이야기만 들어서는 안 된다. 최전방의 공격수들에게서 아이디어를 얻는 것이 현명한 마케터의 자세다.

가맹점 직원들은 고객들과 늘 함께하기 때문에 새로운 제품 아이디어나 개선점 등에 대해서 누구보다도 더 잘 알고 있다.

가맹점 직원들이 주는 정보에 대해 깊이 있게 고민하고 그들이 말을 할 수 있는 창구를 만들어 주는 노력을 해야 한다.

신제품에 대한 의견을 교류하거나 제품의 개선점, 경쟁사에 대한 정보, 시장에서 오가는 각종 정보들에 대해 가맹점 직원들로부터 수시로 의견을 듣는 노력을 해야만 시장 정보가 수집된다.

다만 정보를 수집할 때는 특정 가맹점에 특혜를 주어서는 안 된다. 모든 가맹점에서 열린 자세로 정보를 수집하고 반영한다는 자세를 갖춰야 한다.

9. 마케터는 장사꾼이 아니다
- 사업가 마케터 법칙

좋은 물건을 값싸게 팔면 장사가 잘 된다. 양질의 제품을 저렴한 가격에 파는 것이 장사의 기본이다. 좋은 제품을 구입해서 좋은 가격에 팔고 좋은 마진을 올리는 것이다.

그런데 기업 운영은 장사와는 조금 다르다. 기업을 운영할 때는 당장의 수익 창출보다도 기업의 가치를 올리는 활동이 주요 목표가 된다.

기업은 투자자들이 제공한 자금을 바탕으로 운영이 되고 투자자들은 이익을 배당 받는다. 기업의 가치가 올라가야 더 높은 투자금을 받을 수 있다. 그래서 하루하루 먹고 살려는 장사꾼의 마음으로 기업을 운영해서는 안 된다.

기업은 얼마나 윤리적으로 기업의 가치를 끌어올리고 고객 만족을 통해서 신뢰받는 기업으로 성장하느냐가 관건이다. 그래서 요즘 기업들은 고객 가치를 창출하기 위해서 윤리적인 마인드로 무장하고 있다.

마케터는 장사꾼의 마인드를 가져서는 안 된다. 기업가로 성장하기 위한 마인드를 가져야만 고객과 함께 발전하며 시장이 커지는 것이다.

고객이 늘 똑같은 제품만 구매하고 늘 똑같은 가격만 요구한다면 회사와 시장은 커지지 못한다. 고객이 끊임없이 시장에 신제품을 요구하고 가치 창출을 요구해야 한다.

마케터가 당장 수익 창출에만 열을 올려 고객들을 외면한다면 한순간에 시장에서 사라질 수도 있다. 장사꾼 마인드로 고객을 상대해서는 안 되는 이유다.

모두가 어렵다 보니 원가를 낮추기 위해 불량한 재료를 사용하거나 남들이 절대 볼 수 없다는 이유로 저렴한 원가로 고객의 눈을 속인다거나 하는 유혹을 떨치기 어려운 시기가 되었다.

마케터가 실제로 자기 사업을 하다 보면 시장에 나와 보니 많은 부분이 다르다는 이야기를 종종 한다. 그동안 회사에서 너무 깨끗하고 원칙적으로만 일해 왔다고들 한다. 시장에서는 원칙을 지키기보다는 하나라도 더 팔아서 이윤을 남겨야 된다고 생각하기 때문이다.

그러나 당장의 이윤을 추구하기보다도 고객을 감동시키려는 노력과 열정이 있다면 고객들은 서서히 알아 주게 된다. 시장의 법칙은 참으로 묘하다. 시장은 결코 배반하지 않는다는 사실을 알려면 기

다려야 한다. 그 기다림의 유혹을 이기는 마케터들만이 시장을 지
배할 수 있는 것이다.

'예스'보다 '노'를 외쳐라 - 의심 법칙

기업에서는 상사와 부하가 존재하기 때문에 눈치 보는 사람이 없
을 리가 없다. 그 때문에 자신의 생각을 당당하게 말하지 못하는
경우가 비일비재하다. 상사가 만든 기획서에 토를 달거나 아니라고
이야기할 수 있는 사람들은 많지 않다.

그러나 마케터들은 당당하게 자기 이야기를 해야 한다. 생각을 정
리하는 것은 자신이 하는 것이 아니다. 다른 누군가의 몫이라고 생
각하고 자신의 생각을 소신 있게 이야기할 때 비로소 제대로 된 팀
이 완성된다.

가급적이면 남과 다른 생각에 대해서 자주 이야기를 해라. 자신
의 생각조차 이야기하지 않고 수긍만 한다면 시장에서 백전백패를
한다. 마케팅에서 가장 중요한 것은 여러 사람들이 자유스럽게 의
견을 말할 수 있어야 한다는 것이다. 그리고 합리적으로 상호 토론
을 통해서 결정해야 한다. 흔히 마케팅 분야는 제품 개발부터 생산
관리, 시장 관리까지 다양한 영역이 전개되는 동안 혼자서 일 처리
하는 경우가 많다. 다른 사람들은 전문 영역이 아니라는 이유로 선

뜻 나서기가 어려워진다. 마케팅은 여러 사람들이 참여해서 전략을 수립해야 한다.

또한 마케터는 시장에 대해서 강하게 의심하고 왜 안되는 것인지를 고민하며 늘 호기심을 가져야 한다. 시장에서 판매가 잘되는 신제품을 선정하기 위해서 고객들을 만나고 의견을 수렴해야 하지만 고객들이 제시하는 모든 의견을 수긍해서는 안 된다.

정말로 고객들이 원하는 것이 무엇인지는 마케터가 골라낼 수 있어야 한다. 대다수 고객들이 원하는 제품을 출시했는데 막상 판매가 안 되는 경우가 많다. 그럴 때는 고객들이 원하는 제품이 아닌 불평불만에 의존한 제품이 출시되었을 가능성이 크다. 정말로 고객이 원하는 것은 문제에 대한 답일 것이다. 마케터는 문제와 정답을 함께 찾아서 고객에게 제시해 주어야 한다. 고객은 문제를 알려 줄 수는 있지만, 고객의 답이 언제나 정답은 아니다. 고객의 의견은 사람과 상황에 따라서 달라질 수 있다.

마케터는 자신이 만든 제품 기획서에 100% 만족스러워 해서는 안 된다. 남들로부터 안된다는 지적을 많이 받으면 받을수록 견고한 기획서가 된다. 더불어 아이디어부터 수집할 것이 아니라 시장에서 벌어지는 현상을 보다 더 정확하게 파악해서 고객이 경험하는 강한 의심을 해결하려는 노력이 필요하다. 전략을 짜는 마케터는 시장에서 벌어지는 현상과 트렌드를 밀접하게 읽고 자신이 시장이 중심이 되어야 한다.

돈 주고도 못 배우는 마케팅 노하우

1. 고객에게는 무조건 바쁘게 보이는 전략

고객은 제품을 구매한 후에 다양한 평가를 한다. 구매한 제품이 불만족스러우면 상당한 스트레스가 생긴다. 그래서 고객들은 구매할 때보다 구매 후에 더 큰 고민에 휩싸인다. 반대로 심리적으로 특별하고 좋은 제품을 기존 가격보다 더 싸게 구매하면 만족도가 올라간다. 그것이 심리적으로 안정감을 주기 때문이다. 이러한 고객들의 구매 심리를 특별하게 맞춰 준다면 고객들의 구매도가 올라가게 된다.

고객과 상대할 때는 일정이 빼곡히 채워진 다이어리로 자신이 바쁘다는 것을 의식적으로 어필하면서 영업을 해라. 그것은 그만큼 자신에게 유리한 조건을 만들어 준다. 영업 사원이 바쁘다는 것은 그만큼 판매가 잘 된다는 의미로 해석이 되기 때문에 고객은 빨리 구매를 하고 싶어 한다. 구매는 심리전이다. 지금 안 사면 더 비싼 가격에 사야 될지 모른다는 불안한 심리를 자극해야 한다. 반대로 아무도 사려는 사람이 없다면 고객은 물건을 사고 싶은 마음이 들지 않는다.

마찬가지로 부동산 매물거래를 할 때 다른 사려는 사람들이 많아지면 구매자는 남보다 먼저 사고 싶은 마음이 든다. 그러나 아무도 보러 오지 않는 집은 구입을 망설이는 심리가 된다. 그래서 매장을 운영하는 사람들은 고객의 방문이 저조하더라도 절대 한가하게 있어서는 안 된다. 한가하다고 휴대폰을 보거나 컴퓨터로 오락을 하고 있다면 고객들은 매장을 방문할 때 구매하고 싶은 생각이 크게 들지 않는다. 고객이 방문하지 않았더라도 뭔가 분주하게 만들거나 바쁜 척을 해야만 고객들은 뭔가에 쫓기게 되어 구매하고 싶어진다.

매장에서는 무조건 바쁜 티를 내라. 고객이 오더라도 계속 일을 하는 것처럼 보여라. 한가하게 보이면 그만큼 역동성은 사라진다. 한시도 가만 있지 말고 움직여야 매장은 고객들로 붐비게 된다. 고객을 매장으로 불러들이려면 조용하고 딱딱하기보다 활기차고 부담 없는 분위기를 만들어야 한다. 마케터나 영업을 하는 사람 입장도 마찬가지다. 거래를 할 때는 무척이나 상대방에게 바쁜 척을 해야 거래에서 유리한 조건에 설 수가 있다. 고객은 바쁘고 할 일이 많은 가운데 자신을 만나준 것에 대해서 높이 평가할 것이다.

상대방은 분명히 구매 후에 불만족스러움을 느낀다. 동시에 고객은 구매를 통해 특별한 기회를 제공받고 싶어 한다는 것을 잊지 말아야 한다.

2. 자만을 덮어 주는 초심 전략

사업이 어느 정도 성과를 보이면 매장을 더 넓히고 싶고 거래처를 더 크게 확대하고 싶어진다. 사람이라면 누구나 욕심을 내고 싶어 한다. 그만큼 자신감이 충만해지기 때문에 사업을 확장하고 싶은 것은 당연하다.

특히 어느 정도 돈을 벌면 다른 것들에도 관심이 간다. 문제는 기존의 사업도 잘 안되는 상태에서 다른 영역까지 넓히려는 것이다.

수익의 법칙에 따르면 지금 잘 된다고 생각하는 순간 위기가 찾아온다. 위기를 인지하지 못한 채 수익만 생각했기 때문이다. 사업에서는 지금 당장 돈이 들어온다고 그 돈이 수익이 되는 것이 아니다. 그 수익에는 미래를 위해서 준비하고 투자해야 될 부분이 계산되지 않았기 때문이다.

앞서 배운 BCG 매트릭스처럼 지속적인 수익 창출이 이루어지는 사업에서 새로운 사업으로 투자를 하는 흐름이 필요하다. 단, 그러기 위해서는 지금 사업이 얼마나 잘되고 있는지, 미래에 지속적인 수익을 안겨다 줄 수 있는지를 판단해야 한다.

그리고 새로운 사업을 할 때는 내 돈으로 해야 된다. 대출을 받아서 추가 사업에 투자를 하는 것은 위험한 발상이다. BCG 매트릭스에 따라 기존 사업의 수익을 다른 사업으로 확장시켜야 한다.

그런데 대부분의 사람들은 대출을 받아서 다른 사업을 진행할 경우, 기존 사업이 잘못되면 큰 위험에 처하게 된다는 사실을 잘 알지 못한다.

어느 정도 안정기라고 판단이 되면 자만하게 되는 것이다. 초심으로 돌아가서 생각하지 못하면 사업을 확장하고 싶어진다. 자신감이 충만해 결과적으로 손실을 제대로 보지 못하는 결과로까지 이어진다.

이것만 기억하자. 전략을 짜는 것은 다른 사람과 함께해야 한다. 주변에 사람이 없다면 아무리 사업을 확장시켜도 관리 중 발생하는 로스가 엄청나게 많아진다. 처음 할 때는 준비가 잘되어 있을 수도 있지만 확장을 하다 보면 결과적으로 이 관리 중 발생하는 로스에 패배하고 만다.

사업의 리스크를 줄이기 위해서는 초심으로 돌아가서 처음 준비할 때보다 얼마나 고민을 많이 했으며 준비가 제대로 되어 있는지를 스스로 평가해야 한다.

3. 사장과 직원이 같은 배를 타는 전략

전략은 함께 모여서 수립하고 수정해야 되지만 실행을 하기 위해서는 리더가 직접 고객들에게 뛰는 모습을 보여야 한다.

최근에 A씨는 대기업을 퇴사하고 퇴직금을 모아서 회사를 창업했다. 좋은 아이디어를 가지고 시작했지만 직원들은 하나둘씩 회사를 떠났다. 작은 규모의 회사를 차려서 운영했는데 일할 때는 대기업처럼 일했기 때문이다. 작은 규모로 회사를 창업한 오너는 하나부터 열까지 회사의 모든 것들을 직접 챙기고 일해야 한다.

대기업에서 일하던 방식대로 부하 직원들에게 일을 시키면 사업을 제대로 파악할 수가 없다. 제품의 재고가 얼마나 남아 있는지 머릿속에 늘 그려야 되고, 원가가 얼마인지도 상세하게 파악하고 있어야 한다.

그런데도 내 일이 아닌 것처럼 부하 직원에게 모든 것들을 시키면 결과적으로 회사의 운영 시스템을 파악하지 못해서 어려움에 처하게 된다.

큰 기업의 사장이라면 모를까 작은 규모로 시작하는 회사나 법인 등은 직접 사장이 모든 것들을 챙겨야 한다. 남을 시키는 것에 익숙해지면 안된다. 일을 맡기는 것은 그만큼 자신이 모든 것들을 알고 있고 운영적인 측면에서 문제가 발생하지 않을 때나 가능한 것이다.

이제 오너가 된 당신이라면, 회사의 수익을 창출하기 위해서는 수평적으로 일해야 된다는 것을 명심하기 바란다. 실제로 회사를 운영하는 것은 밖에서 바라볼 때와는 다르다. 회사의 사장이 시키는 것에 익숙해진다면 결과적으로 회사는 금방 문을 닫게 된다.

직원이 사장처럼 일하도록 만드는 것은 일에 대한 성과를 분명히 보상해 줄 때 가능하다. 그런 보상이 없다면 누구도 일을 책임지지 않는다. 회사를 시작하는 사람이건 경영자건 간에 부하 직원이 내 마음에 따라 일하도록 만들기 위해서는 시키는 것에만 익숙해지지 말고 확실한 성과를 보상해 주어야 한다.

4. 3분 안에 음료수로 고객을 설득하는 전략

선물을 받을 때 반드시 비싸고 좋은 것에 감동하는 것은 아니다. 작은 것으로도 사람을 감동시킬 수 있다. 정성을 들인 선물을 받았을 때, 지금 필요로 하는 것을 적절한 순간에 받았을 때 우리는 감동을 한다.

고객을 설득하는 순간에 결정적으로 음료수 전략을 사용해라. 음료수 하나에 고객이 넘어가겠냐고 말하겠지만 절대 그렇지 않다. 국내에서 최고의 영업 전문가로 알려진 한 자동차 세일즈맨은 음료수 하나를 건네면서 고객이 마시는 동안 이야기를 들어 주고 고객에게 최선의 서비스를 제공한다는 인상을 심어 주었다고 한다. 그 결과 최고의 영업 사원으로 성공했다는 것이다.

고객으로서는 음료수 한 병의 값을 서비스 받은 것이 아니라 이 영업 사원이 자신에게 믿음과 신뢰를 줄 수 있다는 인상을 받았기 때문에 음료수를 더 비싼 가치로 인식하는 것이다. 마케팅 전략도 제품을 팔기 위해서라고 할 수 있지만 가장 결정적인 목표는 사람을 얻는 것이다. 사람의 마음을 얻기 위해서는 하나라도 더 노력해서 감동을 심어 주는 태도가 중요하다.

물건을 파는 사람들은 고객이 진정으로 원하는 것을 알려고 노력하지만 쉽게 알지 못한다. 그럴 때는 음료수 하나로 고객의 마음을 여는 전략을 써라. 작은 것이지만 고객이 볼 때는 열심히 노력하는 모습에 감동을 하고 정감을 느낄 수가 있다. 탁월한 영업 마케터들은 작은 감동으로 고객을 설득한다.

처음 만난 고객에게 기억되어야 하는 것은 이름이나 계약 내용이 아니다. 스토리가 기억되어야 한다. 고객은 그날 무슨 일이 있었고 어떤 즐거움이 있었는지를 알고 싶어 한다. 음료수는 생각하지 못했을 때 노고를 표현해 주는 작은 준비된 감사의 마음이 될 수가 있다.

작은 부분이지만 고객들은 남들이 하지 않는 행동을 기억한다. 마케팅은 단순한 법칙이다. 내가 얻으려면 먼저 주어야 한다. 먼저 상대방에게 베풀고 그 후에 내가 받는 것임을 명심하기 바란다.

5. 도와주고 상대를 미안하게 만드는 전략

고객을 미안하게 만드는 것도 하나의 고객 창출 전략이 된다. 미안하게 만듦으로써 그만큼 다시 고객이 구매를 하거나 방문할 가능성이 높아지기 때문이다.

특히 초기 진입장벽이 높은 시장에 진입했거나 신생 업체일 경우에는 고객들을 확보하기 위해 입소문이 매우 중요하다. 그럴수록 철저한 고객 관리로 승부해야 한다. 고객 한 명에게 상당한 시간을 투자해서 입소문으로 시장을 확보하는 것은 진입 초기에 시장을 뚫는 마케팅 전략이 될 수 있다.

입소문의 효과를 증대시키려면 고객을 미안하게 만드는 전략이 효과적이다. 회사 제도에는 없지만 고객을 위해서 특별한 서비스를 제공해 주는 것이다. 여행사에서 몸이 불편한 여행객들의 짐을 무상으로 배송해주는 서비스를 제공하거나 고객이 클레임을 제기했을 때 회사의 고위 관계자들이 방문을 해서 진지하게 설명해 주는 것이 여기 해당된다. 또 섬에 살고 있어서 제품을 받기가 어려운 고객들에게 직접 직원들이 배송을 해주며 고객들의 고충을 해결해 주는 마케팅을 펼치기도 한다.

이러한 친절에 고객들은 미안한 마음이 들기 때문에 자연스레 충성도가 높아진다. 작은 부분이지만 미처 생각하지 못한 감동을 주게끔 서비스를 제공한다면 고객들에게는 추후에 제품을 다시 구매할 수 있는 믿음이 충분히 생긴다.

한 고객은 월드컵 경기 중 새로 산 TV가 고장이 나서 서비스센터에 수리를 의뢰하였다. 그랬더니 TV 회사는 TV를 통째로 바꿔줄 것을 제안하며 새 TV가 출고되기 전까지 고객이 월드컵 중계를 볼 수 있게끔 다른 TV를 임시로 설치해 주었다는 것이다. 이런 사실에 고객은 감동하여 회사를 칭찬하는 충성 고객이 되었으며, 여러 사람들에게 이 일화를 이야기하여 입소문을 타게 했다. TV 회사로서는 매우 큰 홍보 효과를 얻게 된 것이다.

지금 당장 시장 진입에 성공하려면 남들이 하지 않는 차별적인 마케팅으로 승부를 해야 한다. 고객을 미안하게 만들 수 있는 전략을 개발해서 적용하면 시장에서 예상치 못한 입소문이 퍼져 충성 고객들을 확보할 것이다.

흔히 우리말에 '알면서 속아 준다'는 것이 있다. 이 말의 의미는 행동의 의도를 이미 알고 있지만 밉지 않기 때문에 봐준다는 것이다. 상대방을 도와 주는 것 역시 어떻게 보면 유리한 계약을 펼치기 위한 전략일 수도 있지만 그래도 도움을 받으면 누구든 미안한 마음이 든다.

그래서 대형 상점의 시식 코너에서는 고객들에게 제품을 맛보게 하고 구매를 유도한다. 가족들과 시식 코너에서 제품을 먹은 뒤 미안해서 사는 고객들이 의외로 많다. 먼저 제품을 판매한 후 마음에 들면 구매하는 후불제 구매 방식도 이런 차원에서 진행하는 마케팅 방법이다.

다양한 마케팅 방법이 있지만 자신에게 맞는 전략을 적합하게 활용해야 한다. 미안해 하는 마음이 드는 데서 끝날 것이 아니라 그 마음이 구매로 이어지게 해야 한다. 제품의 충성도가 높은 고객들을 선별해서 입소문 마케팅 전략을 펼치는 것이 중요하다.

6. 우유부단을 카리스마로 바꾸는 전략

의사 결정 과정에서 부드러운 인상을 주는 사람이 있는가 하면 결단이 신속하고 과감한 사람도 있다. 물론 어느 것이 더 좋다고는 말하기 어렵지만 분명한 것은 결단을 내릴 때 우유부단한 인상을 주면 좋은 이미지를 전하기 어렵다는 것이다.

마케터가 우유부단한 모습을 보이면 거래 관계는 이어지기가 힘들다. 시장에서 의사 결정을 제대로 하지 못하면 금방 경쟁사에 의해 패배한다. 반대로 싸울 수 있는 군사와 무기가 적더라도 카리스마가 있는 사람은 상대방을 겁먹게 한다. 사업에 성공을 거둔 사람들 중 남다른 기를 풍기는 이들이 있는 것처럼, 지휘를 하는 이의 카리스마에 따라 시장에서의 승리가 결정된다.

그래서 의사 결정자는 자신만의 남다른 카리스마가 있어야 한다.

의사 결정 과정에서 부드러운 인상을 주는 사람이 있는가 하면 결단이 신속하고 과감한 사람도 있다. 물론 어느 것이 더 좋다고는 말하기 어렵지만 분명한 것은 결단을 내릴 때 우유부단한 인상을 주면 상대에게 좋은 이미지를 전하기 어렵다.

특히 새로운 사업을 기획할 때도 자신만의 남다른 카리스마가 있어야 한다. 계획은 수평적인 사고를 거쳐 구축해야 하지만, 일단 결정한 일에 대해서는 강한 실행력과 확신을 가져야 체계적이고 빠르게 원하는 목표에 도달할 수 있다. 시장에서는 계획대로 일을 처리하고 명확한 사고력을 바탕으로 많은 사람들을 설득하는 힘이 있어야 한다.

스스로 우유부단하다고 생각한다면 나름대로의 카리스마를 계발해야 한다. 목소리 톤에서 나오는 카리스마를 개발하는 것도 좋은 방법이다. 마케터는 커뮤니케이션 수단으로 전화 통화를 상당히 많이 한다. 힘 있는 목소리는 상대방으로 하여금 카리스마를 느끼게 한다. 반대로 주눅든 말투는 소신이 없어 보이고 신뢰감이 떨어지기 때문에 피해야 한다.

판매를 할 때도 마찬가지다. 제품을 완성도 있게 잘 만드는 것도 중요하지만 고객에게 신뢰감을 주는 강한 화법으로 제품의 가치를 전달하고 구매 욕구를 불러 일으키는 것도 마케터의 역할이다.

카리스마라는 것은 힘으로 누르는 것이 아니라 자신만의 법칙과 승부욕을 보이는 것을 의미한다. 의사 결정 과정에서는 자신만의 믿음과 신의로 고객과의 약속을 지켜야 고객들도 따라오게 된다.

7. 첫눈에 반하도록 만드는 디스플레이 전략

    일반적으로 신제품이 출시되면 담당자는 바이어에게 사진이나 그림으로 제품을 보여 줄 수 있는 팜플렛을 활용한다. 제품의 장점이나 특징을 설명하기 위한 자료이지만 그렇게 보아서는 쉽게 눈이 가지는 않는다.

    신제품이 출시되었을 때는 고객에게 직접 눈으로 보여 줘야 구매욕구가 생긴다. 샘플이라도 직접 들고 가서 바이어에게 보여 줄 수 있는 노력이 필요하다.

    매장에서는 디스플레이(Display)를 통해 구매욕을 불러일으킬 수 있기 때문에 반드시 고객들이 시선을 집중하는 곳에 제품을 설치하고 조명도 적절하게 활용해 매력적으로 보이게 해야 한다.

    디스플레이에도 구매를 일으키는 마케팅 전략이 있다. 첫눈에 반하는 디스플레이를 만들기 위해서는 어떠한 전략을 활용해야 할까?

첫째는 철저하게 신제품을 중심으로 디스플레이해야 한다. 최신 제품을 중심으로 디스플레이를 하는 것은 그만큼 최초를 강조하는 것이 중요하기 때문이다. 고객의 입장에서는 디스플레이 된 것이 조금만 오래 되어도 구매 욕구가 사라지게 된다. 최신 제품과 인기 있는 제품으로 자주 디스플레이에 변화를 주어야 한다.

둘째는 연출되었다는 느낌보다도 자연스러움을 강조해야 한다. 흔히 꾸몄다는 느낌이 강하게 드는 디스플레이 제품은 고객이 구매할 때 부담스럽게 생각한다. 고객이 받아들일 때 현실적인 입장에서 구매를 한다는 사실을 잊지 말고 디스플레이를 꾸며야 한다.

셋째는 제품이 직원들과 함께 한다는 느낌이 들어야 한다. 그리고 마케터나 직원 들로부터 먼저 상품을 사용하는 모습을 고객에게 보여야 한다. 그래야만 신뢰도가 높아지기 때문이다. 즉 마케터 자신부터 제품을 디스플레이하여 보여 주는 것이다. 만약에 액세서리를 판매한다면 매장에서 일하는 사람들부터 제품을 착용해서 고객의 이목을 집중시킬 수 있다.

넷째는 호기심을 자극하고 창의적인 가치를 전달할 수 있어야 한다. 연말에 뉴욕의 맨해튼 거리에 가 보면 창조적인 디스플레이들로 넘쳐 난다. 예술적인 작품들이 즐비하고 호기심으로 가득 찬 맨하탄의 거리는 고객들이 제품을 구매하고 싶어 하는 창조적인 문화

공간이다.

디스플레이를 통해 가치를 느낄 수 있고 고객이 제품을 통해 자신의 가치 또한 올라간다는 생각이 들도록 혼을 불어넣는 노력이 필요하다. 디스플레이는 제품의 구매욕과 매우 밀접하게 관련되었다는 것을 잊지 말고 디스플레이 전략을 어떻게 수립할 것인지 고민해 보아야 한다.

8. 제품의 소리로 마케팅하는 전략

어떤 제품이건 간에 아무리 좋은 점을 말로 떠들어도 고객의 눈에는 쉽게 들어오지는 않는다. 고객은 감각과 느낌을 중요하게 생각하기 때문에 제품의 특징을 소리로 들려줄 수 있다.

맛있는 고기가 있다고 해 보자. 건강에도 좋고 맛도 좋다는 것을 아무리 고객에게 이야기를 해도 말로는 쉽게 눈이 가지 않는다.

고객은 경험한 것에 익숙하게 반응하기 때문에 소리를 활용해서 직접적으로 고객들을 자극시키는 것이 효과적이다. 흔히 맛있는 라면을 먹는 광고에서 모델이 후루룩 소리를 내는 것도 마찬가지다. 음료수를 마실 때도 물 마시는 소리를 자극적으로 들려 주면 침이 나온다. 최근에는 TV 광고에서 음료수를 마실 때 병뚜껑 따는 소리를 이용해서 고객의 마시고 싶다는 욕구를 자극하기도 한다.

소리로 마케팅을 하는 대표적인 것이 홈쇼핑이다. 홈쇼핑에서는 제품을 직접 사용하면서 소리를 들려준다. 홈쇼핑 시청이 바로 구매로 이어질 수 있는 이유는 시각적인 부분과 청각적인 부분이 서로 결합됨에 따라서 제품의 구매 욕구가 올라가기 때문이다.

남대문 시장에 가 보면 판매자가 고객을 유인하기 위해서 커다란 박수 소리와 함께 재미있는 말투로 제품에 대한 호객 행위를 한다. 길을 가던 사람들은 재미있는 말투에 걸음을 멈추고 귀 기울이다 구매 의욕이 생긴다. 시장은 많은 사람들로 붐비는 곳이기 때문에 분위기상 박수 소리를 통해서 집중을 시키는 방법으로 마케팅을 하는 것이다.

최근에는 이런 판매 방식을 대형 상점의 식품 매장에서도 똑같이 활용하고 있다. 영업 사원이 마이크를 잡고 시장에서처럼 큰 소리로 고객에게 제품을 홍보하는 것이다.

이처럼 고객은 소리에 민감하기 때문에 적절한 마케팅 전략을 계획해서 고객을 유도하는 방법을 고안할 수 있다.

9. 설득할 때 명료하고 간단하게 말하는 전략

고객을 상대할 때 진부하게 말을 많이 하는 것은 제품을 어필하는 데 도움이 되지 못한다. 간단하고 명료하게 말하는 습관을 가져야 한다. 말을 하다 보면 같은 이야기를 반복해서 하는 경우가 많아진다. 말하는 사람은 모르지만 고객이 들을 때는 상당한 마이너스가 된다.

고객이 원하는 것은 제품에 대해서 핵심적인 정보를 전달받는 것이다. 고객은 진부하게 여러 가지를 듣고 싶어 하지 않는다. 물론 같은 말을 반복해서도 안 된다.

고객에게는 부족한 듯이 여운을 남겨라. 처음부터 모든 것을 신뢰하는 사람은 없다. 고객들이 판단할 수 있는 수준의 정보만 제공해 주고 나머지는 고객이 판단하도록 놔두는 전략이 판매에서는 효과적이다.

고객이 구매를 할 때는 확신이 들어야 한다. 확신이 들지 않은 상태에서는 절대 먼저 구매하지 않는다. 판매하는 사람은 고객에게 제품을 한 단어로 명료하게 설명할 수 있어야 한다.

고객들은 제품을 선택할 때 앞서 구매한 제품을 지속적으로 구매를 하려는 습관이 있다. 판매하려는 제품이 기존 제품과 다른 어떤 이익을 주어야 할지를 생각해야 한다. 단순하게 제품의 가격이 싸고 품질이 좋다고 해서 바꾸지 않는다. 고객으로서는 상품을 잘못 구매했을 때 받는 스트레스와 심리적인 불만족이 꽤 크기 때문이다.

이럴 경우에는 고객의 불만족을 제거해 주는 전략을 사용해라. 사용 후 불만족스러우면 환불이나 교환을 해 준다는 전략을 쓰는 것이다. 고객은 구매 후 불만족에 대한 찜찜함을 털어낼 수 있어서 쉽게 구매로 이어질 것이다.

보통 저관여 제품(중요도가 낮고 저렴해 소비자가 별다른 고민을 하지 않고 구매하는 제품)의 경우에는 새로운 제품으로 쉽게 바꾸려 하지 않는다. 때문에 신제품이 출시된 후에 증정품이나 사은품으로 유도해서 먼저 사용해 보도록 하는 권유 전략이 필요하다.

10. 잘하는 분야의 전문가들과 함께해라

초기에 사업을 한다면 어떤 사람들과 함께해야 할까? 보통은 서로 잘 안다고 생각하는 사람과 동업을 시작하는데, 이 같은 경우는 대부분 잘못된 결과를 초래한다. 서로 잘 맞기 때문에 그만큼 고객의 관점은 생각하지 못하는 측면도 많기 때문이다.

동업은 친한 관계를 바탕으로 끈끈한 정으로 하는 것이 아니다. 누가 봐도 외부에서 전문가라는 소리를 듣고 그 분야에 대해서 정통한 사람과 함께하는 것이 핵심이다. 내가 모든 분야를 알 수 있는 것은 아니기 때문에 다른 전문 분야를 책임질 사람을 찾는 것이 현명하다.

다만, 사업을 할 때 의견이 불일치하거나 생각이 달라 다툼이 일어날 수 있기 때문에 사업의 초기에는 각자가 잘하는 분야에 대해서로 간에 이해도가 높아야 한다. 그만큼 사업에서는 전문 분야가 매우 중요하며, 믿고 신뢰할 수 있는 사람들과 함께해야 한다.

동업을 할 때 가장 첫 번째는 함께하는 사람들 간에 생각을 공유해야 하고 전략들을 활발하게 도출해야 한다.

그 전략 기반 위에서 각자가 맡을 영역을 선정하는 것이 중요하다. 자신이 잘하는 분야라고 해서 그 분야를 맡기보다는 각자 백지 상태에서 상호 전략을 이야기하고 그 전략의 바탕 위에서 서로를 인정해서 맡을 영역을 결정해야 한다.

일에 있어서는 사심을 경계해야 한다. 조직에서의 마케터는 사심이 생기기 쉽기 때문에 시간이 지날수록 창업가들의 전략을 이기기가 어렵다. 회사원으로서 승진도 해야 하고 연봉도 높여야 하기 때문에 단기적인 성과 창출이 목표가 된다. 그러다 보면 시장을 객관적으로 보지 못하고 성과 중심의 경쟁에 빠지게 된다. 만약 당신이 조직에서 일한다면 어떻게 조직과 함께 성장할 것인지에 대한 동기부여를 끊임없이 고민해야 한다.

사업가는 함께 믿고 일할 사람을 적극적으로 찾아야 한다. 그리고 규모가 큰 조직처럼 엄격한 시스템이 부재하기 때문에 통제할 수 있는 역할을 제대로 해야 하고 마케터의 전문성을 인정해 주어야 한다.

함께 일해 보지 못했던 사람이라면 사업 시작 전에 같이 일을 해 보는 것도 좋은 방법이다. 의견만 교류해서는 서로에 대해서 알지 못한다. 일을 같이 해 보면서 서로에 대해서 어느 정도 파악이 되었다고 판단이 되면 한 배를 타는 것이다. 그러나 한 배를 탄 후에는 절대 후회해서는 안 된다.

서로가 잘하는 분야에 대한 전문성을 인정하고 상호 시너지를 올릴 수 있는 전략들이 활발하게 도출되어야만 경쟁에서 초기 우위를 점할 수가 있다. 무엇보다도 잘하는 분야에 대해서 서로를 인정해 주는 마인드가 전략가들에게는 필요하다. 함께 일하는 사람들이 누구냐에 따라서 성과의 반이 결정된다.

11. 사업은 단계를 밟아 나가는 수행 과정이다

초기에는 제품을 구매해 줄 수 있는 거래처가 없기 때문에 높은 비용을 지출해야 하는 고비용 마케팅에 열을 올린다. 그러나 대부분 성공한 사업가들은 인적 네트워크를 바탕으로 사업 초기에 영업력을 발휘한 사람들이다. 이들은 초기부터 비싼 마케팅 비용을 지출하지 않는다.

인적 네트워크는 초기에 거래처를 얻고 사업이 자리 잡는 데 큰 힘을 발휘한다. 초기에는 사업 모델을 검토해 본 후에 실제로 적용할 수 있는 거래처를 찾고 인적 네트워크를 바탕으로 도움을 받아야 한다.

성장 가능성이 있는지 판단을 하고 된다는 가정이 성립되면 그때 사업을 진행하는 것이다. 처음부터 무모하게 계획을 세워서 진행하면 돌이킬 수 없는 상태가 된다. 이러지도 저러지도 못하는 상태에 처하게 되면 나중에 돈만 날릴 수가 있다. 사업에는 절차와 방식이 존재한다. 사업을 한다는 것은 엄청난 리스크를 안고 가는 것이다. 가령, 내가 제품을 하나 만들어서 사업을 한다고 가정을 한다면 내가 사업을 하는 것이지만 결과적으로는 다른 사람의 사업에서 원자재와 부품을 구매해야 하기 때문이다.

결국은 사업은 본인이 돈을 지불하는 과정이다. 돈을 지불해서 더 큰 돈을 남기는 것이 사업의 이치다. 그래서 얼마나 많은 이윤을 확보할지를 고민하는 것은 내가 내 돈을 가지고 얼마나 많은 것들을 구매해야 될지를 고민하는 것이다.

사업에 대해서 시뮬레이션을 해라

성장 가능성이 높은 아이템이더라도 반드시 외부의 고객들에게서 평가를 제대로 받아야 한다. 사업을 하는 순간순간은 철저하게 단계를 거쳐야 한다. 즉흥적으로 하거나 제대로 단계를 밟지 않으면 아무리 좋은 사업이라도 백전백패를 하게 된다.

초기에 좋은 평가를 듣더라도 신중을 기해야 할 때는 실제로 일정 시간 동안 적용한 후에 재평가를 받아야 한다. 의사 결정 이전에 시뮬레이션을 통해서 결과를 평가받아야 한다는 것을 절대로 잊어서는 안 된다.

초기 진입 방향을 명확히 해라

시뮬레이션 결과 예상보다 좋은 반응이 나올 수도 있고 반응이 없을 수도 있다. 이런 과정에서 어떤 전략을 활용해야 할지를 고민해야 한다. 예상했던 것보다 고객들이 좋아하지 않는 이유가 무엇인지를 파악해야 하며 그 이유를 해결하지 못한 상태에서는 사업을 전개할 수 없다.

수많은 프랜차이즈들이 시장에 넘쳐난다. 프랜차이즈의 장점은 시장에서 고객들에게 어느 정도 인지가 되어 있어서 초기에 진입 시 시장 실패율이 감소된다는 것이다. 정해진 메뉴와 상품 들로 거래가 이루어지기 때문에 특별한 시장 개척 전략이 필요가 없다. 그러나 프랜차이즈를 시작해서 얼마나 집중력 있게 노력해서 성과를 내냐는 것은 그 매장의 사장 몫인 것이다.

사업에서는 초기 진입을 어떻게 할 것인지의 전략이 수반되어 있지 못하면 진입 후에 대부분 실패로 돌아가게 된다. 하지만 진입 전략을 잘 세우면 그야말로 대박을 맞아서 성장가도를 달릴 수가 있다. 사업에서는 초기 시작이 그만큼 어려운 것이다. 하지만 함께 다양한 전문가들이 전략을 수정하고 시장을 뚫기 위해서 노력해 나가면 분명한 성과를 얻을 수가 있다.

아이디어는 실험 정신에서 나온다

전문가 집단들이 모여서 전략을 만드는 노력을 게을리하지 않는다면 사업은 충분히 승산이 있다. 지금도 여러 곳에서 승전보를 올리는 소리를 들어 보라. 기회가 늘 존재하는 곳이 시장이다. 실패를 두려워하지 말고 함께 모여서 전략의 방향을 구체적으로 논의하면 아이디어는 무궁무진하게 많이 나온다.

마케팅 전략이라는 것은 그만큼 새로운 기회의 영역이기도 하다. 정답이 없기 때문에 전략은 그만큼 우리에게 희망을 주는 것이다. 시장을 뚫고자 한다면 기존 경쟁자를 물리치기 위해서 가격, 제품, 서비스, 유통 등 다양한 마케팅 전략들을 시장에서 최적으로 구축해야 한다. 만만치 않겠지만 함께 모여서 머리를 맞대면 답은 나올 수가 있다. 시장의 기회는 고객들을 유심히 관찰을 해야만 나올 수가 있다. 고객이 원하는 것은 무엇이고, 그들에게 제공해 줄 수 있는 가치가 무엇인지 사업 모델을 구체적으로 연구해야 한다.

차별적인 사업 모델은 과학적 과정에 따라 도출되는 것은 아니다. 기존과 다른 창의적인 아이디어는 나올 수 있지만 시장에서 뜨겁게 성공하는 사업 아이디어는 실험 정신에서 찾을 수가 있다.

아이디어는 자신이 느끼고 관찰하는 것을 끊임없이 분석하고 실험하며 얻는 산물이다. 그런 아이디어는 학습이나 창의적인 문제 해결 기법으로 나오는 것은 아니다. 자신의 경험과 축적된 노하우,

고객의 관찰과 태도를 분석할 수 있는 도전 정신이 있어야만 가능하다.

그러나 분명한 것은 아이디어만 가지고 뛰어들어서는 안 된다는 사실이다. 이 책에서 소개되는 대부분의 전략들을 통해서 자신이 생각하는 아이디어가 진실된 아이디어인지 다시 한번 점검해 보면 좋은 시간이 될 것이다. 실험을 몇 번씩 반복할 때 진정한 아이디어가 탄생하는 것임을 잊어서는 안 된다.

이윤을 공평하게 나눠라

같이 일하는 사람들과는 콩 하나도 나눠먹는다고 생각을 해라. 그렇지 않고서는 좋은 생각이 공유되기가 어렵다. 만약에 돈을 많이 가진 사람이 대표가 되어서 부하 직원들을 고용해서 좋은 아이템을 개발하게 해서 사업을 시작한다고 가정해 보면 그보다 더 어리석은 일은 없을 것이다. 좋은 아이템이 있으면 본인들이 하지 굳이 밑에서 일할 이유가 없기 때문이다.

좋은 전략과 아이디어를 얻고자 한다면 같이 나눠라. 부하 직원과도 이익을 나눌 수 있는 제도를 구축하는 것이 현명하다. 사장은 좋은 아이디어를 제공한 직원들에게 분명한 성과 보상을 해 주어야 한다. 사업에서는 직원들에게 동기부여를 하는 것이 매우 중요하다. 현명한 수장은 사업의 아이디어를 모으는 것에 매우 큰 동기부여를 해 준다.

이익의 배분을 공정하게 해야 누구든지 함께하고 싶은 마음이 드는 것이다. 가장 중요하게 생각해야 할 부분은 이윤을 얼마나 합리적으로 공평하게 나눠서 함께 참여하는가의 문제이다. 혼자서 독식한다는 생각을 한다면 사업가가 아니라 이윤만 남기는 장사꾼밖에는 안 된다.

아이템은 고전과 융합되는 것을 찾아라

성공하는 사업 아이템이 늘 새로워야 할 이유는 없다. 반드시 누가 들어도 성공을 예감할 수 있는 아이템일 필요는 없다. 기본적으로 마케팅의 힘이 발휘되려면 고객을 대상으로 해야 한다. 고객들이 사용하지 않으면 아무 소용이 없기 때문이다.

결과적으로 고객들이 많이 알고 있고 좋아할 만한 아이템을 선정해야 한다. 우리는 그 답을 고전에서 찾을 수가 있다. 성공하는 사업 아이템은 늘 새롭고 창의적인 것만 있는 것이 아니다. 성공한 아이템은 이미 대부분 고객들이 사용하고 있는 제품들 수준에서 발전된다는 것이다.

기존에 사용하던 제품을 변형시키거나 발전시켜서 새로운 제품으로 만들면 무엇보다도 마케팅 시장 개척 비용을 줄일 수가 있다. 초기 시장에 진입하는 기업은 이러한 막대한 초기 시장 개발 비용을 지출해야 하기 때문에 어떤 기업은 선발 주자로 나서는 전략보다는 후발 주자로 뒤따라가는 전략을 구사하기도 한다.

미래 고객들의 수요를 창출시킬 수 있는 시장성을 갖추지 못한 신규 사업은 누구도 관심을 두지 않는다. 예를 들어 최근에는 사물인터넷(사물끼리 인터넷으로 연결돼 정보를 주고받는 기술 및 서비스)이 많은 관심을 받고 있지만 기업들 입장에서는 어떤 분야에서 어떻게 성장할지에 대해서 많은 고민을 해야 한다.

미래 시장을 선도하기 위해서 수많은 아이템들을 쏟아 내서 그 중에서 몇 가지 아이템이 고객들로부터 호응을 얻게 되면 수익을 벌어들이는 구조가 신사업 아이템이다.

그러다 보니 신규 사업에서는 여러 업체들이 뛰어들기에는 한계가 많고 막대한 리스크를 지불해야 하는 부담감에 선뜻 나서기가 어려운 실정이다. 그렇기 때문에 신규 시장에서 진입하는 1위나 2위 기업들의 방향을 살펴보면서 후발 주자로서의 역할을 어떤 식으로 해야 할지를 잘 살펴보는 것도 중요한 마케팅 전략이다. 중요한 것은 고전의 영역과 융합을 통해서 발전한다는 사실이다. 고객은 완전히 새로운 것을 사용하지는 않는다.

휴대폰도 지속적인 진화를 할 것이며, 자동차도 역시 진화를 거듭할 것이다. 최첨단 정보망을 바탕으로 한 더 편리하고 새로운 기기들의 등장에 인간은 놀라게 될 것이다. 하지만 기존의 것을 버린 채 완전히 새로움을 적응하려고 하지는 않기 때문에 어느 정도 사람들이 새로움을 받아들일 수 있는지를 평가해야 한다. 기존의 사업 아이템들도 대부분 과거에도 이미 있었던 것을 다시금 발전시킨 것이기 때문이다.

혼자 갖지 않고 나누는 마케팅 전략을 쓰자

사람 간의 경쟁은 참으로 냉혹하다. 우리나라 역사를 살펴봐도 그렇다. 조선시대 500년 동안 왕들은 권력을 얻기 위해서 얼마나 치열한 싸움을 해 왔던가? 어찌 보면 마케팅도 인간이 만들어 낸 싸움의 도구일 것이다. 시장도 인간의 욕망이 살아있는 곳이기 때문이다. 시장에서는 모두가 자기 것을 빼앗기지 않기 위해 치열하게 싸우고 이기기 위해 몸부림을 친다.

기업들은 언제부터인지 고객들을 상대하기보다는 경쟁자들을 상대하는 것이 더 수월하다고 생각하기 시작했다. 그래서 자본으로 경쟁자들을 죽이거나 약자의 것을 뺏어오는 마케팅 전략들을 활용해 왔다.

그러나 경쟁자들을 죽이기 위해서 마케팅 전략을 펼친다는 것은 잘못된 사고방식이다. 함께 가는 것은 그만큼 시장을 더 키우고 발전시킬 수 있는 원동력이 된다. 지금까지 우리는 경쟁이 없는 시장에서 성공하면 된다고 생각했다. 이때의 마케팅은 경쟁이 없는 원천을 만드는 것을 목표로 한다. 아무리 품질이 떨어지는 제품이더라도 경쟁 회사가 없으면 판매가 되기 때문이다. 그 시장에서 일정 기간 동안에 수익을 얻을 수는 있겠지만 결과적으로 그 수익은 산업을 쇠퇴시킨다.

이제는 나누는 마케팅 전략이 필요하다. 경쟁이 치열할수록 더 좋은 제품이 나오게 되고 더 견고한 시장이 구축된다. 상생이라는 것은 그만큼 산업을 발전시킨다. 남을 죽이기 위해서 전략을 펼치는 것이 아니라 내 몫을 차지하고 남들도 살아남을 만큼의 몫을 주는 것이 바로 상생 전략이다.

즉, 산업의 생태계는 여러 사람들이 공존할 때 발전한다. 생태계를 발전시킬 수 있는 마케팅 전략을 활용해야만 모두가 잘 살 수 있다. 산업 생태계를 파괴하는 악의적인 마케팅 전략들이 시장에서 넘쳐난다면 결국 독식주의로 인해서 시장은 파괴되고 말 것이다. 고객들은 바로 이런 마케팅 전략에 대해서 철저한 감시자의 역할을 해야 한다.

이 책에서 소개하는 마케팅 전략은 어떤 한 기업이나 사람이 시장을 독식하기 위한 것이 아니다. 시장에서 나눠 주는 마케팅 전략을 활용하면 그만큼 자신에게 돌아온다. 이 책에서 다룬 마케팅 전략들이 시장에서 활용되기 위해서는 기업가 정신이 있는 경영자나 마케터 들이 많아져야 할 것이다.

전략은 마술과도 같은 것이다. 그리고 전략은 하늘이 준 선물이다. 작은 것이 큰 것을 이길 수 있는 유일한 방법이기 때문이다.

Our Mission – 우리는 새로운 지식을 창출, 전파하여 전 인류가 이를 공유케 함으로써 인류 문화의 발전과 행복에 이바지한다.

– 우리는 끊임없이 학습하는 조직으로서 자신과 조직의 발전을 위해 쉼 없이 노력하며, 궁극적으로는 세계적 콘텐츠 그룹을 지향한다.

– 우리는 정신적, 물질적으로 최고 수준의 복지를 실현하기 위해 노력하며, 명실공히 초일류 사원들의 집합체로서 부끄럼 없이 행동한다.

Our Vision   한언은 콘텐츠 기업의 선도적 성공 모델이 된다.

> 저희 한언인들은 위와 같은 사명을 항상 가슴속에 간직하고
> 좋은 책을 만들기 위해 최선을 다하고 있습니다.
> 독자 여러분의 아낌없는 충고와 격려를 부탁 드립니다.
> • 한언 가족 •

HanEon's Mission statement

Our Mission – We create and broadcast new knowledge for the advancement and happiness of the whole human race.

– We do our best to improve ourselves and the organization, with the ultimate goal of striving to be the best content group in the world.

– We try to realize the highest quality of welfare system in both mental and physical ways and we behave in a manner that reflects our mission as proud members of HanEon Community.

Our Vision   HanEon will be the leading Success Model of the content group.